De la même auteure, chez le même éditeur

Aux grands maux les petits moyens
Au secours, les pistons vont sauter!

CHOISIR
OU SUBIR
LE STRESS

Catalogage avant publication de Bibliothèque et Archives Canada

Gosselin, Raymonde

    Choisir ou subir le stress

    (Collection Psychologie)

    ISBN 2-7640-0926-7

    1. Gestion du stress. 2. Stress – Évaluation. 3. Gestion du stress – Problèmes et exercices. I. Titre. II. Collection: Collection Psychologie (Éditions Quebecor).

RA785.G67 2004   155.9'042   C2004-941566-2

LES ÉDITIONS QUEBECOR
7, chemin Bates
Outremont (Québec)
H2V 4V7
Tél.: (514) 270-1746
www.quebecoreditions.com

©2005, Les Éditions Quebecor
Bibliothèque et Archives Canada

Éditeur: Jacques Simard
Coordonnatrice de la production: Danielle Choquette
Conception de la couverture: Bernard Langlois
Illustration de la couverture: Susan Leopold/Masterfile
Révision et conseil à la rédaction: Marie-Josée Désilets
Conception graphique: Jocelyn Malette
Infographie: Claude Bergeron

Nous reconnaissons l'aide financière du gouvernement du Canada par l'entremise du Programme d'Aide au Développement de l'Industrie de l'Édition pour nos activités d'édition.

Gouvernement du Québec — Programme de crédit d'impôt pour l'édition de livres — Gestion SODEC.

Imprimé au Canada

CHOISIR
OU SUBIR
LE STRESS

Raymonde Gosselin

LES ÉDITIONS
Quebecor
QUEBECOR MEDIA

Sommaire

Remerciements

Comment inventer une nouvelle façon de dire merci ? Peut-être en y mettant encore plus d'intention de façon à en multiplier les effets ! Je boucle donc la boucle de ce livre en offrant toute ma gratitude aux personnes qui ont su m'inspirer, me stimuler, me soutenir tout au long de mon projet.

Je pense d'abord à Georges Duchesne, mon compagnon de tous les instants, qui partage avec moi les côtés tantôt sombres, tantôt lumineux de la création. Son indéfectible amour et son jugement très sûr me guident et me révèlent à moi-même.

Me vient ensuite une pensée reconnaissante pour mon collègue André Soulières, qui m'a donné l'impulsion nécessaire à la mise en chantier de ce projet d'écriture. Puis, mon fidèle comité de lecture s'impose à mon esprit. Mes amies Carmen Roussel et Danielle Jacques, ainsi que ma fille, Mylène Duchesne, m'ont permis de peaufiner mon manuscrit, et je les en remercie sincèrement.

Je terminerai en mentionnant la contribution d'Hélène Désilets et de Francine Paré, qui ont su, par leur petite touche, m'aider à conclure mon ouvrage de façon harmonieuse. Enfin, je pense à ma collaboratrice à la rédaction et réviseure, Marie-Josée Désilets, pour sa créativité et sa foi inébranlable dans tous mes projets. Sans son apport inestimable, ce livre n'aurait tout simplement pas vu le jour.

Préambule

Lorsque l'idée d'un abécédaire anti-stress s'est imposée à moi, c'est à nos vies complexes que j'ai d'abord pensé. J'ai songé que, de façon généralisée, nous cumulons rôles et responsabilités, nous donnons 110 % de nous-mêmes à notre travail, nous offrons temps et qualité de présence à notre conjoint et à nos enfants, nous luttons contre la procrastination et recherchons la perfection, nous prenons soin sans relâche de notre corps et de notre esprit par toutes sortes d'activités, et nous maintenons ainsi notre vie dans un équilibre souvent précaire.

C'est à cette part de fragilité en nous que j'ai voulu m'adresser, car nous ressentons, sans toujours nous l'avouer, un vague malaise. En fait, nous sommes conscients du fardeau du stress. Parfois, nous avons peine à nous lever le matin et, souvent, nous n'avons plus le goût de rien. Mais nous ne savons pas comment amorcer un changement ni quoi changer. Nous faisons des projets de congés sabbatiques et de traitements différés, et rêvons déjà, à 40 ans, de la retraite… Nous manquons de temps, de certitudes, de sécurité et, surtout, de réconfort.

Après avoir longuement exploré des avenues possibles pour réduire le stress et augmenter le bien-être, et après avoir publié, en collaboration avec d'autres personnes, deux guides sur le sujet, j'ai la profonde conviction que les formules simples peuvent la plupart du temps apporter des réponses satisfaisantes aux situations les plus compliquées.

Pas de magie ici, mais 26 moyens, comme autant de lettres de l'alphabet, pour rallumer avec plaisir et en toute liberté la petite flamme au fond de soi.

En ce qui concerne les outils nécessaires, il est suggéré de se procurer un journal de bord afin d'y recueillir, au fil des chapitres, ses pensées, commentaires et résultats d'exercices. Lorsque vous verrez le symbole du journal de bord dans ces pages, ce sera le signe d'y noter ces éléments.

Amour...

Mot compte triple!

L'amour de soi doit être initié par soi et non par les autres. Évident, n'est-ce pas ?

Mais combien de fois attendons-nous de la gratification de la part des autres pour croire en nous-mêmes ? Il se peut que, avec les années, nous ayons développé une dépendance à la bonne opinion des autres, que nous faisions des pieds et des mains pour leur plaire, et que nous finissions par croire qu'ils sont plus importants que nous. Or, reconnaître sa propre valeur est un outil essentiel dans la quête de l'amour de soi.

Nous ne pouvons donner ce que nous n'avons pas. Évident, n'est-ce pas ?

Certains diront que s'occuper de soi est un geste égoïste, alors que s'accorder du temps nous permettra par la suite de mieux contribuer à la vie des autres, que ce soit au travail, dans notre famille, avec notre conjoint ou avec nos amis.

Bien prendre soin de soi veut aussi dire bien prendre soin des autres. Nous donner la permission de penser que nous sommes importants et que nous en valons la peine est la pierre angulaire de toute démarche d'amour de soi. Nous nous placerons en tête de liste de nos préoccupations quotidiennes. D'ailleurs, nous traitons généralement les autres de la même manière que nous nous traitons nous-mêmes!

Nous sommes les maîtres d'œuvre de notre vie. Évident, n'est-ce pas?

Personne n'est mieux placé que nous pour définir notre propre vie. Il nous appartient donc, si nous désirons augmenter notre amour de soi, d'établir nos limites; de mettre l'accent sur nos talents plutôt que sur nos manques; de reconnaître nos défauts et nos qualités; de cesser de nous comparer aux autres; de nous aimer inconditionnellement et de revendiquer le droit unique d'être aimé tels que nous sommes. Il nous faut donc nous aimer assez pour accepter que les autres ne nous aiment pas. Pas si évident que ça, n'est-ce pas? Si nous avons plutôt cultivé l'art d'être dans les bonnes grâces de tout le monde, nous constaterons que le prix à payer est parfois élevé... Eleanor Roosevelt disait: «Personne ne peut faire que nous nous sentions inférieurs sans notre consentement.»

Quand nous ne nous aimons pas, nous multiplions les occasions de stress, et notre confiance en nous-mêmes est chambranlante, tout comme notre joie de vivre. Il en allait ainsi pour cette femme approchant la cinquantaine que j'appellerai Joanne. Toute sa vie, elle s'était sentie inférieure aux autres. Ceux-ci avaient toujours raison, croyait-elle. Et, pour maintenir la paix, elle se taisait. Elle ne manifestait que rarement son désaccord, surtout si elle croyait que cela pouvait contrarier les autres. Avec le temps, elle en était même venue à n'exprimer aucune opinion. Le seul fait de penser que quelqu'un ne l'approuverait pas déclenchait chez elle un sentiment de panique. Et son entourage abusait d'elle. Toujours disponible et incapable de dire non, elle se pliait aux exigences de chacun. Elle se sentait profondément contrariée à chaque nouvelle demande, souhaitant que les autres reconnaissent ses limites et son épuisement sans qu'elle soit obligée de leur en parler. Lorsque je lui ai demandé ce qui lui faisait plaisir, ce qu'elle aimait, elle est restée devant la feuille blanche, incapable de décrire quoi que ce soit. Elle se sentait comme le paillasson de l'entrée. Son estime de soi était au plus bas niveau. Vue de l'extérieur, sa vie semblait harmonieuse, mais, vue de l'intérieur, tout s'écroulait. Joanne a entrepris une démarche semblable à celle proposée dans le présent abécédaire et, une lettre à la fois, elle est allée à la rencontre de la personne qu'elle était. Il est inutile de vouloir contribuer à la vie des autres si nous ne sommes pas capables de nous occuper de nous.

Le *feeling* de l'amour de soi va aller et venir, c'est normal. Nous ne serons pas toujours au maximum de notre forme, et il y aura des jours de grisaille. Mais en intégrant dans nos gestes quotidiens l'estime de soi, nous développerons la certitude que, peu importe ce qui arrivera, nous nous traiterons avec amour et respect. L'amour de soi n'est pas un concept, c'est une façon de vivre.

Le défi est grand. Nous devons, comme le démontre notre exemple, explorer nos croyances pour en arriver à éliminer ce sentiment que nous ne sommes pas adéquats, que nous devrions être différents de ce que nous sommes, que les autres sont meilleurs que nous et qu'eux seuls sont importants. L'amour de soi prend racine au plus profond de notre être. Le simple fait d'être ici, sur la planète Terre, nous donne toute notre importance : il nous faut d'abord en prendre conscience, puis agir en respectant notre unicité. Le brouhaha qui nous entoure, le rythme que l'on s'impose, les millions de choses à faire au quotidien, voilà autant de distractions qui nous éloignent de ce que nous sommes vraiment, c'est-à-dire la personne la plus précieuse au cœur de notre propre vie.

Petit aide-mémoire

- Garder son indépendance vis-à-vis de l'opinion des autres.
- Établir ses limites et apprendre à les exprimer.
- Reconnaître ses talents et mettre l'accent sur eux.
- Se comparer aux autres le moins possible.
- Accepter les hauts et les bas de l'amour de soi.
- Croire à son importance.
- Faire une liste des gens et des choses importants pour soi, et inscrire son nom en premier.
- Revoir sa définition du mot « égoïsme ».

Balade

Promenons-nous dans le bois...

L'exercice physique et le grand air sont les ennemis numéro un du stress, c'est bien connu. Rien de tel qu'une balade en forêt ou au bord de la mer pour libérer ses tensions, s'oxygéner et refaire le plein d'énergie. Mais notre vie trépidante ne nous permet pas toujours ces grandes escapades. Comment pouvons-nous profiter des bienfaits d'une balade malgré notre horaire chargé ?

Courte ou longue, celle-ci aura un effet réparateur. Ainsi, sortir à l'heure du lunch, ne serait-ce que dix minutes, peut faire une différence pour le reste de l'après-midi. Mieux vaut dix minutes réelles qu'une heure virtuelle. Pas besoin d'emboîter le pas de la mode «extrême». Selon un dicton bien connu, qui va lentement va sainement !

Utiliser ses sens lorsqu'on fait une promenade nous permettra d'être vraiment attentif au moment présent. Par exemple, observer les couleurs, le paysage, les fleurs, les gens; porter son attention sur les sons et les bruits, parfois très présents ou quasi imperceptibles; sentir l'air sur sa peau, la douceur ou la force du vent; porter son attention sur les odeurs, car chaque saison recèle les siennes; savourer le plaisir d'être en contact avec la nature, ce qui aura probablement pour effet de nous plonger dans un état méditatif. Apprécier des détails du paysage nous permettra souvent de prendre du recul et de relativiser des problèmes qui nous semblaient insurmontables quelques instants auparavant.

Une autre façon de libérer les tensions au moyen des balades est d'y mettre une intention. Se dire, par exemple: «À midi, j'irai marcher avec l'intention de libérer une émotion (une contrariété vécue le matin), ou encore avec l'intention de me faire du bien et de me libérer de mes tensions physiques; je vais respirer profondément pour nettoyer mon organisme et me sentir en forme pour entreprendre ce nouveau dossier.»

De plus, si nous décidons de marcher d'un pas plus rapide, tous les muscles de notre corps seront sollicités, notre respiration s'amplifiera et nos tensions physiques se dissiperont. Nos cellules seront mieux oxygénées, notre pensée sera plus claire, et nous serons mieux disposés. Nous pouvons également choisir d'alterner les rythmes: lent, rapide, lent, etc.

Lorsque nous mettons une intention derrière un geste, nous amplifions ses bienfaits.

À ce propos, j'ai souvent en tête les paroles d'une chanson de Jean-Pierre Ferland: «*Partir quelque part pour partir, pas pour fuir, ni changer, pas pour s'en aller... Aller quelque part, s'en aller, retrouver l'air et le pollen, je t'aime...*»

En effet, nous nous aimons lorsque, malgré un horaire trop chargé, nous prenons le temps de refaire le plein.

Qui n'a pas dans ses souvenirs d'enfance ces balades du dimanche après-midi vers «nulle part», où le temps semblait s'arrêter et nous permettre de vivre dans l'insouciance la plus totale? C'est cet état d'âme que nous retrouvons quand nous nous donnons la permission de faire des balades, courtes ou longues, réelles ou virtuelles. En effet, à défaut de sortir, nous pouvons toujours, à l'aide de notre imagination, nous rappeler une belle promenade qui nous a ressourcés et rendus si joyeux que son seul souvenir nous remplit de joie et d'énergie. Pourquoi? Eh bien, notre cerveau est parfois étrange: il ne fait aucune différence entre ce qui est réel ou imaginaire. Si notre mémoire a enregistré comme une grande source de plaisir une balade exceptionnelle, il nous enverra des endorphines (les hormones du plaisir) lorsque nous y pensons.

Que notre cerveau ne fasse pas la différence entre le réel et l'imaginaire est une excellente nouvelle, car cela signifie que nous pouvons, par notre seule pensée, changer rapidement et efficacement notre chimie corporelle. Mais attention, cela vaut aussi dans le sens inverse! Si nous imaginons les pires scénarios, nous augmenterons notre taux d'adrénaline par un conditionnement négatif. Spécifions ici qu'il y a une différence entre une déception, une contrariété et une colère. Parfois, lorsque nous sommes stressés, nous ne voyons plus la nuance. Par exemple, supposons qu'au cours d'une balade, une voiture nous éclabousse: son conducteur, qui roule à vive allure dans une flaque d'eau, ne voit rien et poursuit donc son chemin. Évidemment, pour nous, il s'agira d'un incident désagréable, voire irrespectueux. Comment nous sentirons-nous ? Serons-nous contrariés, frustrés ou furieux ? La quiétude de notre balade sera-t-elle compromise ? Réussirons-nous à trouver un langage intérieur pour nous apaiser ou nous laisserons-nous envahir par la colère ? De quoi imprégnons-nous nos pensées ? La décision nous appartient.

Petit aide-mémoire

- Développer ses cinq sens.
- Mettre une intention derrière ses gestes.
- Préférer une courte balade à pas de balade du tout.
- Fouiller dans sa boîte à souvenirs.
- Apprécier l'effet anti-stress du plein air.
- Se rappeler qu'une balade est un plaisir et non une corvée.
- Déjouer ses conditionnements négatifs.

Carpe diem

C'est maintenant que ça se passe!

L'expression latine *Carpe diem* signifie que l'on doit mettre à profit le jour qui s'offre à nous.

Combien de fois dans nos vies le futur prend-il le dessus sur le présent? Nous nous inquiétons alors de choses qui ne se produiront pas ou pour lesquelles nous ne pouvons rien faire. À l'inverse, combien de fois le passé nous habite-t-il démesurément? Nous cherchons à en «guérir» tout en sachant qu'on en guérira seulement en vivant le moment présent. Il est impossible de trouver la paix en la cherchant dans un passé que nous ne pouvons pas changer ou dans un futur que nous ne pouvons pas contrôler.

À vrai dire, même dans les situations très difficiles, si nous nous arrêtons un instant pour vérifier ce qui est bon et vrai dans le moment présent et y portons notre attention, nous constaterons généralement que ce n'est pas si terrible. Poser notre attention sur ce qui est positif malgré le tumulte nous rendra plus joyeux et nous donnera la confiance et l'énergie nécessaires pour résoudre les difficultés. Le problème réside souvent plus dans les multiples hypothèses que nous échafaudons que dans les situations elles-mêmes.

Lorsque nos pensées s'emballent et créent des émotions indésirables, il nous sera utile d'avoir quelques outils, comme la respiration consciente, qui constitue un ancrage très puissant. En effet, cela nous permettra d'être totalement présents. De plus, ce type de respiration peut se pratiquer en tout temps et en tout lieu. Quand l'inquiétude s'installe, nous ne pensons plus à respirer et notre respiration devient donc superficielle. Il faut alors utiliser une technique respiratoire consciente : prenons une grande inspiration par le nez et expirons par la bouche ; notons les effets ressentis. Ensuite, inspirons profondément par le nez en faisant cette fois un large sourire, puis expirons doucement, comme si nous le faisions à l'aide d'une paille.

L'effet n'est pas exactement le même, n'est-ce pas ? Lorsque nous sourions, nos narines se dilatent et nous emmagasinons plus d'oxygène. Cette technique très simple permet de se concentrer sur l'instant présent.

Un deuxième outil consiste en deux petites questions à se poser : « Qu'est-ce qui m'arrive maintenant ? » et « Suis-je capable de vivre avec cette réalité ? » En nous posant ces questions, nous pouvons ramener nos pensées à l'instant présent, réviser notre sentiment d'urgence intérieure et, bien souvent, dédramatiser la situation. Nous n'avons pas besoin d'aimer ce qui nous arrive ou d'abandonner l'idée de vouloir changer les choses. En fait, ces deux questions nous permettent simplement de mieux saisir les enjeux d'un problème et de vérifier la gravité des contrariétés qu'il entraîne. Sous cet éclairage, auront-elles encore autant d'importance ?

Nous courons tant que le temps semble filer entre nos doigts, que le moment présent nous échappe. Nous ne sommes pas conçus pour courir sans cesse ; c'est pourquoi l'épuisement s'installe de façon graduelle lorsque nous négligeons notre corps et notre esprit. Ici, le « plus qu'hier, moins que demain » n'est pas de mise.

Enfin, un troisième outil pour saisir le moment qui passe consiste à faire une sieste. Il s'agit d'ailleurs d'une activité très « tendance ». Une sieste de tout au plus dix à vingt minutes régénère, repose, déstresse, rend plus créatif et même plus productif. Faire la sieste demande un minimum de discipline, puisqu'il faut pour cela subtiliser de précieuses minutes à un horaire chargé et, surtout, modifier certaines habitudes comme la pause café, l'heure du dîner ou celle du souper.

Pour que la sieste soit bénéfique, il faut la faire au moment de la journée où notre corps et notre esprit ont le plus besoin de repos. Nous devrons choisir un endroit calme pour nous asseoir ou nous étendre, selon notre préférence, puis éteindre les lumières et fermer la sonnerie du téléphone. Enfin, rester silencieux et fermer les yeux. C'est tout !

Il est possible que nous ne réussissions pas à dormir, mais ce n'est pas grave : le *Carpe diem* fait du bien au corps et à l'esprit, et c'est ce que nous visons par une meilleure gestion de notre stress.

De plus, la sieste n'est surtout pas synonyme de paresse : elle correspond plutôt à un besoin physiologique de repos. Comme elle revigore ! Dans les pays chauds, on a bien compris la nécessité de la *siesta* : tout s'arrête, le rythme ralentit, les activités s'interrompent. Or, il n'est aucunement nécessaire de vivre sous un climat torride pour en profiter : même durant les froids sibériens de nos hivers, la sieste est réparatrice.

Petit aide-mémoire

- Oublier le passé.
- Ignorer le futur.
- Sourire et respirer.
- Se poser deux petites questions.
- Faire la sieste.

«Draineurs» d'énergie

Dangereusement toxiques

Une fois les causes médicales éliminées pour expliquer un manque d'énergie, il nous importe de comprendre pourquoi, en fin de journée, il ne nous reste plus une once d'énergie. C'est bien plus qu'un coup de fatigue, puisque nous sommes totalement vannés, lessivés. Lorsque nous décidons de nous occuper de nous et de gérer notre stress, nous devons passer au peigne fin nos activités pour découvrir ce qui draine ainsi notre énergie. L'un de nos buts dans la vie n'est-il pas d'avoir suffisamment de temps et d'énergie pour profiter pleinement de celle-ci? Il n'est pas normal qu'à la fin d'une journée de travail notre réserve d'énergie se retrouve à moins cinq... Lorsque la fatigue et le manque d'énergie nous écrasent de tout leur poids, notre vie devient terne et notre joie de vivre s'amenuise.

Situer le niveau d'énergie actuel selon le barème suivant.

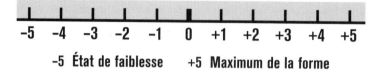

-5 État de faiblesse   +5 Maximum de la forme

Certaines personnes, situations ou pensées peuvent nous donner de l'énergie ou, au contraire, nous en enlever. Pour amorcer une réflexion sur les «draineurs» d'énergie, les énoncés suivants décrivent des situations pouvant contribuer à créer un essoufflement. Pour chacune, un antidote est suggéré.

Note : Nous excluons ici les événements majeurs, non parce qu'ils manquent d'importance, mais parce qu'ils doivent être traités différemment.

Nous devons réaliser que nous sommes en perte d'énergie lorsque nous vivons l'une des situations suivantes.

• Nous regardons les piles de documents à classer, la liste des choses à faire, les factures à payer, les tiroirs qui débordent ou le grand ménage qui attend...

Antidote : Un, deux, trois, à nos vadrouilles ! C'est l'heure du ménage ! Prendre une heure intensive (3600 secondes) pour faire du classement, jeter, disposer, ranger et remettre les choses à leur place n'est pas du temps perdu. Éliminer ce qui ne sert pas. Donner. Combien de fois conservons-nous un objet ou un document juste «au cas où»? Ces piles qui débordent sont des «draineurs» d'énergie.

• Nous sommes témoins de séances de commérage, de négativisme, de chialage à vide, ou, pire, nous y participons.

Antidote : Pourquoi ne pas adopter une politique personnelle « anti-chialage » ? Nous avons toujours le choix de nous laisser entraîner à cela ou de quitter poliment un endroit. Une fois que nous aurons eu le courage d'informer notre entourage de notre nouvelle politique, nous serons dégagés de cette attitude. Et qui sait, peut-être nos collègues emboîteront-ils le pas ?

- Nous jetons un coup d'œil à notre porte-documents durant le week-end, et une vague de culpabilité s'empare de nous.

Antidote : Cachons notre porte-document. Loin des yeux, loin du cœur (voir la lettre W pour Week-end) !

- Nous ne fixons pas de limites : nous disons oui quand nous voulons dire non, et nous nous laissons envahir par les autres.

Antidote : Établir ses limites, simplement et fermement, peut sembler difficile au début. Cependant, à moyen terme, nous découvrirons les bienfaits de la reprise de pouvoir personnel, et il deviendra alors plus facile de dire les choses avec tact et élégance. Inutile de justifier nos motivations, d'en débattre et de les expliquer à l'infini pour établir nos limites : ici, seule l'utilisation de mots simples et directs s'avère efficace.

- Nous rencontrons des gens qui ont des comportements de victimes, qui tentent de contrôler à outrance, qui questionnent sans fin ou, encore, qui évitent la confrontation.

Antidote : Souvent, les gens qui ont ce genre de comportement ne savent pas qu'ils sont des « draineurs » d'énergie et ne cherchent pas à agir méchamment. Nous ne les jugerons donc pas. Il est d'ailleurs possible que nous aussi, à l'occasion, ayons des attitudes semblables. Se protéger en prenant tout simplement conscience de la situation demeure une solution simple et efficace. Nous pourrons alors nous dire mentalement : « Je ne me laisserai pas envahir aujourd'hui ! »

- Nous voulons « réparer » le passé ou « arranger » l'avenir, nous fuyons le *carpe diem*, comme l'illustre le tableau suivant.

Antidote : Le passé sera toujours le passé, c'est-à-dire ni plus beau ni plus laid. Par définition, il a été. Si nous avons appris du lui, il nous sera beaucoup plus facile de lâcher prise et de focaliser notre attention sur le moment présent. Même chose pour le futur : il n'existe pas encore. Nous pouvons donc perdre beaucoup d'énergie à imaginer des situations qui ne se produiront probablement pas. Seul le moment présent compte vraiment, puisque nous avons le pouvoir de le façonner, du moins en partie.

- Nous avons des pensées négatives, qui sont toxiques et qui nous affaiblissent.

Antidote : Souvenons-nous que nous pouvons traiter les pensées comme nous le voulons. Il s'agit donc de mettre un stop au flot de pensées qui nous envahit et de porter notre attention sur autre chose. On peut changer de paradigme, soit aller du négatif au positif, simplement en observant le type de pensées qui meublent notre esprit et en faisant le choix conscient de modifier leur cours.

• Nous éprouvons des émotions que nous ne voulons pas ressentir, et nous les accumulons intérieurement.

Antidote : L'effet « presto » nous guette. Non seulement les émotions que nous refoulons nous privent de la précieuse énergie qui nous permet de profiter de la vie, mais elles sont potentiellement explosives. Dans tous les cas, l'émotion doit être vécue. Si nous la retenons, elle ne disparaîtra pas : elle n'attendra que l'occasion de s'exprimer. Dernièrement, une dame m'expliquait qu'elle était allée dans un salon funéraire pour une simple visite de courtoisie, car il ne s'agissait pas du décès d'un proche. En arrivant là-bas, elle se mit à pleurer et était inconsolable. Elle tenta en vain de dire aux gens qu'elle n'était pas la veuve de la personne décédée, mais rien n'y fit. Elle passa toute la soirée à accepter les condoléances de tous. Lorsqu'elle m'a raconté cela, je lui ai demandé s'il n'y avait pas derrière cet événement singulier une peine non exprimée. Elle m'a confirmé que, lorsque sa mère était morte, elle avait été prise dans un tourbillon – nouveau travail, déménagement, etc. – et qu'elle n'avait pas eu le temps de vivre son deuil, sa tristesse. Cette anecdote montre bien que l'émotion ne disparaît pas : elle se loge dans le corps et attend le moment propice pour se manifester.

- En fait, chaque fois que se crée un écart entre ce que nous pensons, ce que nous disons et ce que nous faisons, il se crée en nous une perte d'énergie.

Antidote: Il est primordial de vivre en fonction de ses valeurs. Lorsqu'il nous arrive de penser une chose et d'agir de façon totalement contraire à celle-ci, nous ne nous sentons pas en harmonie avec nous-mêmes. Cet inconfort nous grugera doucement mais sûrement. Nous devons donc nous concentrer sur les choses importantes à nos yeux, vérifier si notre emploi du temps correspond à nos priorités et faire des gestes, au quotidien, visant à diminuer les écarts inévitables entre nos pensées et nos actions.

Nous devons être vigilants et attentifs à la multitude de petites choses qui, sournoisement, peuvent saper notre énergie.

C'est l'heure d'écrire dans votre journal de bord. À vos crayons!

L'exercice suivant consiste d'abord à y noter les situations, les pensées ou le nom des gens qui vous enlèvent de l'énergie. La liste peut être longue! Pas de censure, pas de jugement: on doit écrire tout ce qui nous vient en tête.

On note ensuite par écrit les situations, les pensées ou le nom des gens qui nous donnent de l'énergie. Il y a en effet des personnes qui, sans le savoir, nous apportent beaucoup d'énergie, nous stimulent, nous rendent heureux. Leur seule présence est pour nous un réconfort. Une dernière étape facultative de cet exercice consiste à le leur dire ou, si c'est déjà fait, à le leur redire.

Ex...

Faire place nette

Nous avons tous, dans nos bagages, quelques « ex » : ex-conjoints, ex-amis, ex-emplois, ex-maisons… Si nous avons bien fermé la boucle des situations passées, celles-ci ne sont plus des « draineurs » d'énergie. Par contre, lorsqu'un deuil n'est pas terminé, et que nous éprouvons encore du ressentiment, de la peine, de l'amertume, cet « ex » peut nous empoisonner l'existence. Souvenons-nous qu'un de nos buts dans la vie est d'avoir suffisamment d'énergie pour profiter pleinement de celle-ci.

Plusieurs auteurs parlent des étapes du deuil. Pour sa part, Christine Longaker explique, dans *Trouver l'espoir face à la mort*, que le processus normal du deuil se vit en trois étapes : l'état de choc, la prise de conscience et le rééquilibre. De plus, le deuil se vit de façon cyclique. Il varie d'une personne à l'autre, mais il est généralement chargé d'émotion.

À titre de conseillère en réorientation de carrière, j'ai travaillé avec des cadres du réseau de la santé et des services sociaux qui avaient perdu leur emploi en raison de fusion d'établissements ou de fermeture d'hôpitaux. J'ai alors pu constater à quel point perdre son emploi peut être un deuil important. Avant d'entreprendre des démarches de recherche d'emploi, il s'est avéré crucial pour ces gens de comprendre les étapes du deuil et de liquider les émotions s'y rattachant.

La première étape, l'état de choc, est très souvent associée à de l'incrédulité. «Ça ne se peut pas que j'aie perdu mon emploi après m'être consacré corps et âme à mon travail pendant 20 ans!» ou «Il est absolument impossible de fermer ce centre hospitalier. C'est incroyable!» Cependant, cet état de choc n'est généralement pas très souffrant, si bien que nous pourrons vaquer à nos occupations quotidiennes en nous sentant, malgré tout, pas si mal. Nous serons parfois surpris de notre réaction, car ce n'est pas aussi terrible que nous l'imaginions.

Un autre exemple est celui de cette dame qui a été avisée en pleine nuit, par des policiers, du décès de son conjoint. Elle a alors eu un choc incommensurable. Dans les heures et les jours qui ont suivi, elle s'est pourtant occupée de tous les préparatifs: les nombreux coups de téléphone à donner, le salon funéraire, la cérémonie religieuse, etc. Elle était elle-même étonnée de se voir capable de vaquer à toutes ces occupations et de penser aux moindres détails, malgré l'ampleur du drame. Mais, en fait, ses émotions étaient figées. La vie suivait son cours.

La deuxième étape, la prise de conscience, est plus douloureuse. C'est en réalité un moment de lucidité. Nous prenons alors conscience que nous n'avons plus de conjoint ou de travail. Dans ce dernier cas, la façon dont nous avons été remerciés de nos loyaux services peut faire mal, et nous devons, de plus, chercher un autre emploi. Nous nous sentons seuls et nous avons le sentiment d'avoir été traités injustement. Tout nous semble une montagne. La peur, la peine, la colère s'installent. C'est à ce moment que nous voyons la réalité en face. Notre détresse est profonde.

S'il s'agit d'un deuil, après les funérailles, quand tous les amis sont partis et que le travail reprend, les jours passent, et il vient un moment où nous devons disposer des objets et des vêtements de la personne disparue. Nous constatons que c'est bien réel et que l'être cher n'est plus. Le vide s'installe alors, tout comme la peine et le désarroi.

Enfin, à la troisième étape, la douleur et le désespoir semblent s'atténuer. Dans le contexte d'une perte d'emploi, une reprise de pouvoir personnel survient. L'estime de soi, qui a été foulée aux pieds avec grand mépris, refait doucement surface. Le sentiment de culpabilité s'estompe, et la peine diminue, tout comme la colère : il est enfin possible de penser à poursuivre sa carrière ou, s'il s'agit d'un deuil, de reprendre sa vie en main et, malgré tout, de retrouver la joie de vivre. Nous constatons alors qu'il est encore possible d'avoir des projets, d'avoir le goût de rencontrer des gens, de rire et de mordre dans la vie.

La période de deuil est nécessaire et normale. En voulant sauter les étapes, nous risquerions d'emmagasiner des émotions qui, tôt ou tard, referont surface. Il en va de même pour toutes les situations et les deuils non réglés : ils pèsent lourd et deviennent des « draineurs » d'énergie. Il sera parfois utile et même nécessaire de chercher de l'aide extérieure pour bien boucler les boucles.

Voici quelques obstacles qui peuvent nous empêcher de mettre fin au deuil.

L'entourage

Parfois, parents et amis exagèrent ou minimisent ce que nous vivons, et cela peut nous empêcher de vivre nos émotions. «Ce n'est pas grave, ça va passer, il ne faut pas s'en faire… Je suis sûr que tu n'auras pas de difficulté à te trouver un nouvel emploi. Le temps arrange bien les choses, tu verras, dans un an tu n'y penseras plus…» Toutes ces phrases dites avec compassion par nos proches peuvent nous inciter à réprimer nos émotions et donc à reporter notre deuil à plus tard.

L'isolement

Il est certain qu'en période de deuil notre fragilité et notre vulnérabilité sont à fleur de peau et que nous préférons souvent rester seuls plutôt que de montrer notre souffrance et nos peurs. Nous ne voulons pas déranger les autres avec ces problèmes qui n'intéressent personne et que nous ressassons continuellement. Nous croyons, à tort, que la fuite ou le repli nous permettront de régler notre deuil plus rapidement.

Le sentiment de culpabilité

Plusieurs de mes clients se sont sentis coupables d'avoir perdu leur emploi. Pourquoi eux ? Avaient-ils vraiment donné leur maximum ? Auraient-ils pu prévoir le coup, être plus proactifs ? Ces pensées peuvent être un obstacle à mener le deuil à terme, car la culpabilité est rarement une émotion qui nous donne du pouvoir personnel. Au contraire, cela nous figera et nous empêchera d'aller de l'avant. Penser que nous aurions pu en faire plus ou le faire différemment quand quelqu'un meurt peut aussi mener bien des gens à se sentir coupables. De même, revivre sans cesse dans sa tête tout ce que l'on aurait dû faire ou dire ne fera que raviver la douleur.

La frustration

Il est tout à fait normal de ressentir de la frustration après la perte d'un emploi, surtout si la mise à pied ne s'est pas faite dans les règles de l'art. Mais si la frustration devient chronique, elle sera un empêchement majeur à ce que notre vie reprenne son cours. Elle nous emprisonnera, comme nous l'avons vu, et drainera toute notre énergie. Il en va de même pour la perte d'un être cher. Le sentiment d'avoir été abandonné peut nourrir notre frustration. Prendre le temps d'examiner nos émotions et de trouver le moyen de les exprimer nous aidera à reprendre notre pouvoir personnel.

Dans le journal de bord, noter quelques «ex» qui drainent votre énergie : ex-travail, ex-amitié, ex-conjoint, ex-maison, ex-milieu, personnes décédées avec qui l'on n'avait pas fait la paix, etc.

Nommer les obstacles qui empêchent de clore les situations.

Petit aide-mémoire

- Connaître les phases du deuil.
- Déceler les obstacles à la résolution d'un deuil.
- Demander de l'aide, si nécessaire.

Flânerie

La tête dans les nuages

Je me souviens combien, enfant, j'aimais la flânerie. J'appelais d'ailleurs «flânage» l'activité que *Le petit Robert* définit ainsi : se complaire dans la douce inaction. Rien à faire, rien à penser, que flotter dans l'instant… Prendre mon temps en revenant de l'école, jouer dans une flaque d'eau, imaginer que je pouvais voler comme un oiseau, admirer le soleil, la pluie ou la neige, m'inventer des scénarios, m'amuser de manière totalement insouciante… Rire et courir jusqu'à l'épuisement… Puis, à l'adolescence, une période où la flânerie est plutôt perçue comme de l'oisiveté, mon innocente insouciance a été bloquée par la maxime suivante : l'oisiveté est la mère de tous les vices. Pour une raison que j'ignore, j'ai totalement adhéré à cette croyance.

Ensuite, mes activités de jeune adulte (travail, vie de couple, enfants, maison) m'ont laissé bien peu de temps pour la flânerie. J'imaginais que, lorsque toutes les tâches domestiques seraient accomplies et que les enfants seraient bordés pour la nuit, je pourrais enfin m'installer avec un bon livre. Mais, après avoir lu deux lignes, le sommeil me gagnait : ce temps de qualité tant espéré s'évanouissait. Plus tard, mon rythme de vie s'est encore accéléré, si bien que les jours n'avaient pas assez d'heures, et les semaines, de jours. L'équilibre était inexistant, et le sentiment d'urgence omniprésent. J'ai alors pris conscience du stress qui m'habitait, stress dont la précipitation était un des grands carburants. La flânerie me manquait !

Heureusement qu'un jour on m'a offert un hamac ! J'ai alors redécouvert les vertus de la flânerie. Quel plaisir que de m'y installer et d'observer la course des nuages, de regarder les arbres sous un nouvel angle, d'écouter les doux bruits de la nature, d'éveiller mes sens ! Devenir consciente du temps qui passe en savourant chaque instant, et ce, sans culpabilité… Prendre le temps de perdre mon temps, sans calcul, gratuitement… Une idée révolutionnaire dans un contexte où tout doit être rentable !

De nombreux adages et croyances condamnent les bienfaits de la flânerie, et défier une croyance bien ancrée n'est pas chose facile. Comment penser, par exemple, que la paresse n'est plus un péché et que, dorénavant, l'hyperactivité sera une erreur ? Il y a des habitudes qui font loi et qui sont trop rarement remises en question. Il appartient donc à chacun de nous de faire l'inventaire des obstacles, des pensées ou des croyances qui nous empêchent d'intégrer la flânerie dans notre façon de vivre.

📓 Un petit exercice : dans le journal de bord, faire une liste des obstacles à la flânerie.

Pour ce qui est des vertus de la flânerie, elles sont nombreuses : calme, paix, équilibre, relaxation, bien-être, satisfaction, etc. Elle nous aidera à briser notre rythme de vie déchaîné, à ralentir nos pensées, à refaire le plein d'énergie, à jouir du moment présent (voir la lettre C pour *Carpe diem*) et à mieux affronter notre vie tumultueuse. Elle permet aussi de nous sentir enveloppés dans un cocon, l'espace d'un instant, et de nous imprégner d'un sentiment de reconnaissance. En fait, lorsque nous nous adonnons à la flânerie, le temps semble suspendu. Les secondes s'étirent.

Voici de petits trucs pour nous aider à flâner :

- Flâner dans sa tête ;
- Être dans la lune ;
- Bouquiner ou faire du lèche-vitrines en perdant la notion du temps ;
- Regarder les trésors d'une boîte à souvenirs : des cartes, des photos, des mots d'enfants, toutes ces choses inutiles mais combien agréables ;
- S'asseoir sur un banc et regarder passer les gens ;
- Être un touriste dans sa propre ville ;
- Inscrire « ne rien faire » sur la liste des choses à faire ;
- Tenir un journal du flâneur ;
- Fixer un coin de paysage ;
- Contempler les fleurs ;
- Observer une goutte de pluie qui ruisselle ;
- Rester en pyjama une partie de la journée ;
- Se recoucher après avoir pris son café et lu son journal ;
- Se procurer un hamac… et lézarder !

La liste des situations qui favorisent la flânerie est infinie, et il s'agira toujours de choses qui présentent un intérêt particulier pour nous. Si nous avons du mal à nous adonner à la flânerie, c'est que nous avons très peur de perdre du temps. Il y a tant à faire… Le temps, c'est de l'argent, nous disons-nous… La vie est si courte, et nous pourrions regretter un jour de ne pas avoir réalisé assez de choses… Mais justement! Pour avoir moins de regrets à la fin de notre vie, pourquoi ne pas prendre le temps de savourer celle-ci en s'offrant quelques moments de flânerie?

Voici une citation de Sogyal Rinpoché[1] qui en dit long sur les priorités dans nos vies:

«Même les lieux où ils mettent les morts sont impeccables! En Orient, les maisons où habitent les gens sont loin d'être aussi propres!

Ah oui! C'est vrai!, répondit-il. Ce pays est tellement civilisé! On y construit des demeures merveilleuses pour les dépouilles mortelles. Mais as-tu remarqué qu'il s'en construit de tout aussi merveilleuses pour les dépouilles vivantes?

Chaque fois qu'elle me revient en mémoire, cette histoire me rappelle combien la vie peut être vaine et futile lorsqu'elle est fondée sur une croyance erronée en la continuité et la permanence. Lorsque nous vivons de cette façon, nous devenons, comme le disait Dudjom Rimpoché, des "dépouilles vivantes", inconscientes.

C'est ainsi que vivent la plupart d'entre nous, selon un plan établi longtemps d'avance. Nous consacrons notre

---

1. *Le livre tibétain de la vie et de la mort*, Paris, Éditions de la Table ronde, p. 40-41.

jeunesse à faire des études. Puis nous trouvons un travail, rencontrons quelqu'un, nous marions et avons des enfants. Nous achetons une maison, nous nous efforçons de réussir professionnellement, rêvons d'une résidence secondaire ou d'une seconde voiture. Nous partons en vacances avec des amis. Nous faisons des projets pour notre retraite. Pour certains d'entre nous, le plus grand dilemme auquel nous ayons jamais à faire face est de décider du lieu de nos prochaines vacances ou le choix des invités à Noël [...] Notre existence est monotone, [...] gaspillée à poursuivre des objectifs insignifiants car nous semblons, en fait, ne rien connaître de mieux.

Le rythme de notre vie est si trépidant que la dernière chose à laquelle nous avons le temps de penser est la mort. Nous étouffons notre peur secrète de l'impermanence en nous entourant d'un nombre sans cesse croissant de biens, d'objets, de commodités, pour devenir, en fin de compte, les esclaves ».

Si nous examinons notre vie de près, poursuit, en substance, Sogyal Rinpoché, nous verrons clairement que nous cumulons un nombre considérable de tâches sans importance et quantité de prétendues responsabilités. Un philosophe appelait cet exercice d'analyse « faire le ménage en rêve ».

Souvent, nous nous disons que nous voulons consacrer du temps aux choses importantes de la vie, mais, ce temps, nous ne le trouvons jamais. Dès notre lever le matin, il y a tant à faire : ouvrir la fenêtre, faire le lit, prendre une douche, se brosser les dents, donner à manger au chien ou au chat, faire la vaisselle de la veille, s'apercevoir qu'on n'a plus de sucre ou de café, aller en acheter, préparer le petit-déjeuner... Une liste interminable ! Puis, il y a les vêtements à trier, à choisir, à repasser, à plier… Enfin, il faut se coiffer, se maquiller… Impuissants, nous voyons nos journées se remplir d'appels téléphoniques, de projets ; nous avons tant de responsabilités… Nous sommes importants, voire irremplaçables.

Et c'est notre vie qui semble se vivre d'elle-même, nous porter là où elle le veut et posséder sa propre dynamique. En fin de compte, tout choix et tout contrôle semblent nous échapper. Si bien qu'il nous arrive de ressentir un certain malaise, d'avoir des cauchemars et de nous réveiller en sueur. Nous nous demandons alors : « Que suis-je en train de faire de ma vie ? » Mais quelques heures plus tard, au petit-déjeuner, nos peurs se sont dissipées ; nous reprenons notre serviette et nous voici revenus à la case départ.

Gratitude

Le mot magique

Dire merci, simplement merci. Il n'est pas toujours facile de ressentir de la gratitude, surtout lorsque la vie ne se déroule pas selon nos attentes et que nous avons le sentiment de ne rien contrôler, que tout va trop vite et que le temps file entre nos doigts. Pourtant, c'est généralement quand il est le plus difficile d'avoir de la reconnaissance que la gratitude fait le plus de bien.

Tout ne va pas toujours mal, bien sûr; cependant, notre attention est facilement happée par le «négatif» qui nous entoure. Il est souvent ardu de déceler le «positif» des situations, les choses simples, celles de tous les jours, qui vont de soi et nous font du bien. Or, il s'avère important de porter notre attention sur ce qui va bien dans notre vie. Si ce qui habite nos pensées est négatif et source de déplaisir, nous attirerons forcément des situations déplaisantes. Par contre, si notre attention se fixe sur les choses agréables, nous les attirerons également. Le choix nous appartient (voir la lettre V pour *Veto*). Tout se passe dans l'œil de celui qui regarde.

Une façon concrète de s'éveiller à cette dimension est de tenir un journal de gratitude. Dans le livre *Simple abondance,* Sarah Ban Breathnach suggère de noter, à la fin de la journée, cinq choses pour lesquelles nous sommes reconnaissants. Faire cet exercice religieusement permettra d'être attentif aux petites comme aux grandes choses qui méritent notre gratitude, puisque, à la fin de la journée, nous les consignerons dans notre journal. Notre attention peut avoir été attirée par un simple sourire ou par quelqu'un retenant pour nous la porte d'un ascenseur. D'autres fois, ce sont un succès professionnel, un remerciement inattendu ou une tape sur l'épaule qui nous font tellement de bien. En veillant à déceler chaque jour cinq moments de gratitude, nous serons davantage centrés sur le beau et le bon.

Combien de fois évitons-nous de dire une phrase aimable à quelqu'un de peur de sembler faire de la flatterie gratuite ou d'entendre une réplique du genre : que veux-tu obtenir de moi ?

Il se peut également que l'envie soit en cause. En effet, il peut arriver que la chance ou la bonne fortune des autres nous dépriment. Mais à vrai dire, en nous comparant aux autres, nous perdons au change, puisque l'herbe n'est pas toujours plus verte dans la cour du voisin... Et probablement que, si on nous offrait d'échanger notre vie contre celle d'un autre, nous refuserions !

Dire merci est une chose simple. Faire un compliment aussi, et cela fait le plus grand bien. La reconnaissance a presque disparu de nos milieux professionnels. Pourtant, il s'agit d'une source incroyable de motivation et d'énergie. La gratitude est très communicative ; elle augmente notre estime de soi et sème la joie autour de nous. Se pourrait-il que la compétition et la recherche de la performance nous empêchent de dire et de faire des choses gentilles ?

Une de mes amies, aux prises avec un cancer, me disait dernièrement à quel point elle avait de la gratitude envers tout. Comme si soudain ses cinq sens s'étaient aiguisés et qu'elle remarquait le moindre détail de la vie quotidienne. L'odeur de la tarte aux pommes, les gouttes de pluie sur sa fenêtre, le rire de ses enfants, les mots doux de son amoureux... Elle me disait à quel point ses amitiés se sont révélées importantes et combien les gens qui l'entourent étaient généreux. Elle se réjouit de chaque résultat médical encourageant. En fait, le simple fait d'être en santé ne devrait-il pas être une source de joie incommensurable ? Mon amie baigne totalement dans la gratitude. Je l'admire, l'imite et rends grâce pour ce qui m'entoure, les personnes que j'aime, l'abondance dont je bénéficie et toutes les petites choses qui me font du bien.

Exercice du collage

À l'aide de revues, choisir des mots ou des images qui nous inspirent de la gratitude et en faire un montage sur un carton, un babillard ou dans notre journal de bord.

Petit aide-mémoire

- Merci!
- Merci!
- Encore merci!

Hakuna matata

Demain est un autre jour

Hakuna matata est une expression africaine qui signifie : « Il n'y a pas de problème. » Demain sera un autre jour. C'est le film *Le roi lion* qui nous a d'abord fait connaître cette expression que les Africains utilisent à tout propos.

« Pourrons-nous faire l'excursion demain malgré la température ?

— *Hakuna matata !* »

« Croyez-vous qu'il sera possible d'arriver pour 18 heures ?

— *Hakuna matata !* »

Cette expression omniprésente représente une façon de vivre. Une des grandes sources de stress pour nous, Occidentaux, réside dans notre façon d'aborder le futur. Nous pourrions parler ici de stress intellectuel ou de stress d'anticipation. Lorsque nous anticipons les événements et que nous échafaudons des hypothèses, cela nous cause la plupart du temps un stress intérieur, et nos pensées s'emballent. Comme une pensée ne vient jamais seule, elle s'accompagne d'une ou de plusieurs émotions, qui généreront à leur tour des comportements.

Par exemple, supposons que nous ayons vécu une contrariété au travail ; rien de majeur, mais quelque chose de blessant. Or, nous n'avons pas eu le temps de « faire fondre » l'émotion ressentie, travail oblige ! De retour à la maison, nous constatons donc que, même si nous étions au volant de notre voiture, nous n'avons aucun souvenir du trajet.

Où étions-nous passés ? Dans notre tête et vraisemblablement dans le futur, à planifier notre réponse, nos arguments, notre défense. Nous tentons de régler la situation, nous élaborons plusieurs stratégies. Nous développons des scénarios et des hypothèses. Sauf que, pendant ce temps, nous conduisions sans nous en rendre compte. Oups ! Nous roulions au radar. Nous sommes déjà arrivés, mais nous espérons avoir fait nos arrêts et n'avoir brûlé aucun feu de circulation... Voilà ce que nous appelons un stress intellectuel : nous sommes alors dans le futur, et à mille lieues du moment présent.

Il nous arrive souvent de nous inquiéter pour des problèmes sans en connaître les tenants et les aboutissants. Pourtant, lorsque nous prenons le temps de bien analyser un problème – pas au volant de notre voiture, bien sûr ! – nous constatons souvent qu'il n'est pas si grave, pas si inquiétant, et que nous n'aurons qu'à traverser le pont une fois rendus à la rivière, pas avant. C'est précisément l'esprit du *Hakuna matata* !

Le stress d'anticipation est sournois, il s'insinue en nous à notre insu. Apprendre à ne pas s'inquiéter pour demain est un art qui demande volonté et discipline. Il s'agit de faire cesser le flot des pensées qui nous causent du tort et nous empêchent de vivre le moment présent. Par exemple, au cours d'une nuit d'insomnie, une multitude de pensées se bousculent, nous rendant anxieux et nous empêchant de dormir. Nous cherchons des solutions à des problèmes à venir, nous imaginons le pire, nous croyons devoir tout contrôler. En fait, nous pouvons protéger notre sommeil en réglant nos problèmes le jour, en nous changeant les idées le soir, en lisant, en laissant le flot de nos pensées suivre son cours sans nous y accrocher. Car une idée en amène une autre, puis une autre et une autre encore, si bien qu'une toute petite idée peut se métamorphoser en drame de la même façon qu'un peu de neige collante peut devenir une énorme boule de neige. Tout semble noir, les problèmes s'amplifient, les émotions négatives s'installent et l'insomnie nous gagne. Pourtant, les mêmes problèmes, si terrifiants la nuit, s'estompent généralement à la lumière du jour. Pourquoi s'en faire autant pour des choses qui n'arriveront peut-être jamais ou sur lesquelles nous n'avons aucun contrôle?

— *Hakuna matata!*

Voici un exercice tout simple, qui nous aidera à nous concentrer sur une préoccupation précise. Utiliser une minuterie; la régler à dix minutes. S'installer confortablement et, durant tout ce temps, penser uniquement à notre problème. Lorsque la minuterie sonne, se lever et faire autre chose. Cet exercice nous permettra d'effectuer une réflexion intense, mais également d'éviter qu'un seul problème envahisse toutes nos pensées sans répit, le jour comme la nuit. Au besoin, répéter cet exercice plusieurs fois dans la même journée.

Comme nous venons de le voir, le stress intellectuel nous éloigne du présent et nous projette dans le futur. Prenons donc le temps de noter dans notre journal de bord les préoccupations qui habitent nos pensées.

Passons ensuite ces pensées par le filtre des trois questions suivantes. Cela nous aidera à vérifier si nous nous créons du stress intellectuel.

Pensons à la situation qui nous cause actuellement le plus d'inquiétude et posons-nous ces trois questions :

1. La menace anticipée est-elle bien réelle ?

2. Avons-nous le pouvoir de changer le cours des événements ?

3. Nos façons de penser nous font-elles du bien ?

Gardons ces questions en mémoire pour désamorcer ce problème ainsi que ceux à venir… *Hakuna matata!*

Imperfection
Éloge de l'imparfait

Il est important de faire l'éloge de l'imperfection, alors que notre société met tant l'accent sur la perfection : le besoin d'être le meilleur, le plus efficace, le plus intelligent, le plus performant, etc. La perfection est une grande source de stress et peut même devenir une obsession. Rien n'est parfait, nous le savons bien. Pourtant, nous passons un temps fou à rechercher la perfection autour de nous. Il est certain que nous voulons être aimés et que nous faisons tout en notre pouvoir pour maintenir un équilibre, même précaire. Dès que nous sommes l'objet d'une critique ou d'un blâme, et que nous n'admettons pas l'erreur comme normale et justifiable, notre niveau de stress augmente et notre langage intérieur devient négatif, voire autodestructeur. Nous ne pouvons tolérer l'imperfection, et tout est remis en question ; non seulement le geste qui n'obtient pas l'approbation de tous, mais nous nous interrogeons sur notre valeur personnelle. Nous croyons que nous ne valons plus rien.

Pourquoi rechercher la perfection à tout prix ? Lorsque notre estime de soi est dépendante de la bonne opinion des autres et que la volonté de plaire prime sur tout le reste, il nous devient difficile de supporter la moindre forme de désapprobation. C'est alors que nous pouvons développer ce que l'on pourrait appeler le syndrome du bretzel, c'est-à-dire la capacité de faire des contorsions inimaginables pour plaire aux autres. C'est souvent la peur du conflit et le désir de perfection qui sont à l'origine du syndrome du bretzel. Nous nous consumons dans le désir de plaire, et, par conséquent, il devient difficile d'établir nos propres limites. Nous oublier pour maintenir l'harmonie, ne pas tenir compte des choses qui nous font plaisir, en faire toujours plus dans le but d'obtenir l'estime des autres. Voilà un réel danger auquel nous devons échapper, car notre objectif, ne l'oublions pas, est d'avoir suffisamment de temps et d'énergie pour nous occuper de nous-mêmes et bien gérer notre stress. Notre santé et notre plaisir en dépendent !

La perfection est une excuse que nous utilisons fréquemment pour mettre de côté des choses qui, nous le savons, pourraient nous faire le plus grand bien. Par exemple, se dire que l'on prendra le temps de s'occuper de soi lorsque toutes, vraiment toutes les tâches seront terminées. Parions que ce moment idéal ne viendra jamais ! Il faut donc nous rappeler que rien n'est parfait et que si nous attendons que tout le soit pour nous occuper de nous-mêmes, cela revient à dire que nous ne sommes pas importants, puisque nous n'en aurons jamais le temps. De plus, il y a souvent une longue liste de personnes à qui nous voulons plaire, et nous devons alors nous demander : sommes-nous dans le haut de cette liste ou sommes-nous plutôt les grands oubliés ?

Il y a de la beauté dans l'imperfection, car il y a de l'humanité. Les machines sont parfaites et, même là, pas toujours! Nous ne sommes pas des machines, mais il nous arrive de nous traiter comme si nous n'avions pas le droit à l'erreur et comme si tout devait toujours être parfait, baigner dans l'huile, comme on dit. Or, il est parfait que nous soyons imparfaits. La recherche de la perfection nuit à notre bien-être et nous éloigne de notre vraie nature. Il est facile de constater que les gens de notre entourage ne sont pas parfaits et qu'il y en a avec qui nous n'avons pas d'atomes crochus.

Pourquoi n'en serait-il pas de même en ce qui nous concerne? Ce besoin de perfection peut aussi prendre racine en nous, sans qu'il y ait le désir de plaire aux autres. Jamais satisfaits, nous nous disons toujours que nous pourrions faire plus ou mieux. Nous devons tout ratifier. Notre méthode est la meilleure, et nous ne laissons que peu ou pas de place au changement. Ce besoin de contrôle camoufle souvent une difficulté à faire confiance à la vie et aux autres. De plus, il empêche d'accepter les choses telles qu'elles sont. Nous nous fixons des exigences irréalistes et nous nous imposons un stress qui devient vite envahissant. Notre langage intérieur est défaitiste. Dans ce cas, le jugement ne vient pas des autres mais de nous. Les deux mains qui nous poussent dans le dos sont les nôtres.

Dans la première colonne de notre journal de bord, notons les situations où notre besoin de perfection est le plus criant et, dans la seconde, par quels gestes concrets nous pourrions atténuer le stress dans ces situations.

Situations	Gestes concrets
Exemples : Tout doit être parfaitement rangé avant que je lise un bon roman pour me détendre.	Consacrer 30 minutes à la lecture quand la maisonnée est calme et avant d'entreprendre l'ensemble de mes tâches. Me rappeler que le ménage est très fidèle, qu'il ne s'enfuira pas !

Joie

Jamais sans ma joie

La joie porte en elle la bonne humeur, le bien-être et la paix intérieure. Elle procure un sentiment de plénitude, de bonheur. Imaginons nos cellules à l'intérieur de notre corps. Lorsque nous sommes remplis de joie, elles vibrent plus rapidement, notre système immunitaire est plus actif, notre résistance s'améliore. Et comme notre langage intérieur devient plus joyeux, les petits pépins demeureront de petits pépins. Nos cellules « sourient ». La joie laisse peu de place au négativisme, à l'angoisse et à la déception ; c'est un excellent antidote au stress.

La joie attire la joie, tout comme les ronds dans l'eau qui s'élargissent. Créons-en pour stimuler nos endorphines ! Appelées communément les hormones du plaisir, ces dernières jouent un rôle antidépresseur important. De plus, elles soulagent la douleur, aident à se concentrer sur le moment présent et, par conséquent, permettent de diminuer les effets de l'adrénaline, ce puissant carburant également appelé l'hormone du stress.

Mériter l'amour, le respect et la joie

Nous méritons la joie, cela ne fait aucun doute. Cependant, l'effervescence de notre quotidien, les besoins des autres, les exigences familiales, sociales et communautaires nous éloignent souvent de ce qui peut nous apporter de la joie. Si bien qu'après un certain temps nous ne reconnaissons plus les moments de joie. Détachés de nos émotions, nous ne croyons plus à notre importance et au fait que nous la méritons. La routine, le côté morose de la vie, prend le dessus. Pour augmenter la joie dans nos vies, nous devons apprendre à nous considérer différemment.

En fait, 80 % de nos activités devraient nous apporter de la joie.

Déterminez votre taux actuel d'activités qui génèrent de la joie dans votre vie parmi les suivants :

0 % 10 % 20 % 30 % 40 % 50 % 60 % 70 % 80 % 90 % 100 %

S'il se trouve au-dessus de 80 %, bravo! Sinon, voyons ce que nous pourrions améliorer pour l'augmenter.

Créer de l'espace pour la joie

Une fois que nous aurons établi ce qui nous apporte de la joie, il ne s'agira pas de modifier l'ensemble de nos activités quotidiennes, mais plutôt d'organiser notre vie de façon à avoir du temps et de l'espace pour l'émergence de la joie. La première étape consiste à prendre conscience de l'absence de joie, non pour porter attention à nos manques, mais pour être en mesure de trouver des moyens simples et accessibles d'intégrer de la joie dans notre emploi du temps quotidien.

Bien sûr, un petit peu vaudra beaucoup mieux que pas du tout!

N'accepter rien de moins qu'une vie remplie de joie

Il y a sans doute déjà une foule de petites choses qui nous procurent de la joie. Prenons le temps de tracer deux colonnes dans notre journal de bord et de noter ces éléments dans celle de gauche, selon les points suivants : au travail, à la maison, avec notre conjoint, avec nos enfants ou petits-enfants, avec nos amis, avec nos animaux, dans nos loisirs.

Dans la colonne de droite, inscrire un ou plusieurs moyens supplémentaires d'y vivre plus de joie, dès maintenant. Cette liste peut s'allonger indéfiniment, la seule limite étant celle de notre imagination. La capacité d'attirer de la joie réside en chacun de nous. La joie agit comme un aimant. De plus, elle est contagieuse. Plus nous en avons, plus nous en donnons, plus nous en recevons.

Petit aide-mémoire

Installons-nous confortablement, prenons trois bonnes inspirations (voir la lettre C pour *Carpe diem*, sur la technique de respiration).

Rappelons-nous notre plus grande joie. Où était-ce? Quand était-ce? Comment était-ce? Avec qui? Quel événement l'avait provoquée? Utilisons nos cinq sens pour raviver notre expérience et prenons le temps d'écrire ces informations dans notre journal.

Encore une fois, il ne faut pas oublier que le cerveau, en traitant une émotion, ne fait aucune différence entre le réel et l'imaginaire. Le souvenir de cette joie vient à l'instant de nous permettre d'augmenter nos endorphines, et nous venons donc de changer la biochimie de notre corps.

Voici quelques exemples de situations qui entraînent la joie:

- Serrer quelqu'un dans ses bras un peu plus longtemps que d'habitude.
- Cesser de remettre à plus tard quelque chose qui nous pèse.
- Observer les milliers d'étoiles dans le ciel.
- Laisser un petit mot doux sur le pare-brise de la voiture de son conjoint.
- Pardonner quelque chose à quelqu'un.
- Mettre anonymement de l'argent dans un parcomètre pour éviter que quelqu'un qu'on ne connaît pas ait une contravention.
- Appeler un ami ou un membre de notre famille pour lui témoigner notre reconnaissance.
- Aider quelqu'un.

Faisons-nous plaisir en continuant cette liste…

📓 Décrire dans notre journal de bord un moment de plénitude qui nous a remplis de joie.

Voici deux exemples de moments de plénitude et de joie :

- Havre-Saint-Pierre, en juillet, avec une température fraîche pour ce temps de l'année. Un bord de mer désert. Seule, sans enfant ni conjoint, devant l'immensité. Je porte des pantalons courts et un gros chandail de laine. C'est un moment de solitude et de plénitude. Immobile dans la nature, je respire l'air pur et je ne pense à rien, sauf à la beauté du paysage. Je savoure le moment présent.

- Sorel, le jour de mon anniversaire. Après des célébrations dehors, je suis de retour à la maison pour découvrir le plus beau cadeau qui soit : trois petits chats sont nés une heure ou deux plus tôt. Moment de ravissement.

Kif-kif

Côté cour, côté jardin

K

Dans un an, nous aurons vieilli. Nous aurons un an de plus, que nous choisissions d'agir ou non ! Ainsi va la vie !

Évidemment, si nous sommes à l'aise dans notre vie, si elle nous convient tout à fait, si notre travail est satisfaisant et valorisant, si nos relations sont harmonieuses, et notre gestion du temps en équilibre, pourquoi vouloir obtenir quoi que ce soit d'autre ? Ce serait kif-kif. Mais si aujourd'hui était la dernière journée de notre vie, aurions-nous des choses à changer ? Passerions-nous plus de temps avec nous-mêmes, avec nos proches ? Modifierions-nous notre rapport au travail ? Profiterions-nous davantage du plein air, de l'amitié, des voyages, etc. ? La vie, c'est maintenant ! Si nous sommes assurés que notre vie est en ordre, alors le *statu quo*, ou quelque chose de kif-kif, est une bonne option. Il peut par contre s'avérer risqué de le maintenir si nous ne nous sentons pas bien dans certains aspects de notre vie et si nous sentons intérieurement qu'il serait important d'y apporter quelques changements. Supporterions-nous de vivre avec un petit cheveu qui nous chatouille constamment sans chercher à nous en débarrasser? Devrions-nous attendre un drame, un ultimatum, une menace à notre santé pour élaborer un plan qui nous aiderait à gérer notre stress et à profiter pleinement de la vie? Nous avons le choix de continuer à vivre notre vie sans rien changer, en espérant que les choses vont s'améliorer d'elles-mêmes, ou de faire les gestes nécessaires pour améliorer notre existence.

Dans une démarche visant à rééquilibrer sa vie, l'engagement envers soi-même est crucial, déterminant. Nous pouvons assez facilement faire des promesses aux autres et les honorer. Cependant, qu'en est-il des promesses faites à soi-même? Lorsque nous ne tenons pas un engagement envers nous-mêmes, le message que nous recevons est celui-ci: nous ne sommes pas importants, et seuls les autres méritent toute notre attention. C'est lourd à porter. De plus, cela compromettra éventuellement notre confiance et notre estime personnelles. En fait, chaque fois que nous avons la ferme intention de mettre de l'ordre dans notre vie, de faire de l'exercice, de surveiller notre alimentation, de passer plus de temps avec notre famille, d'arrêter de nous en faire autant avec le boulot et Dieu sait combien d'autres promesses, et que finalement ces belles intentions fondent comme neige au soleil, nous insultons notre personne, nous lui manquons de respect. Imaginons que notre meilleur ami nous ait fait des promesses, qu'il nous ait proposé des activités qui nous plaisent, et qu'il nous laisse systématiquement tomber...

Par contre, il n'est pas réaliste de vouloir tout changer instantanément. Et ce ne serait d'ailleurs pas souhaitable, car notre vie serait alors sens dessus dessous et deviendrait une grande source de stress. Ce qui importe, c'est d'amorcer une réflexion sur les situations de notre vie qui doivent changer et de faire des gestes concrets dès aujourd'hui, et non la semaine ou l'année prochaine.

MAIN-TE-NANT

N'oublions pas que dans un an, nous aurons vieilli d'un an, que nous décidions d'agir ou non. Et sachons qu'en général il est rarement nécessaire d'ajouter des choses dans nos vies pour être heureux. Il faut plutôt en retrancher et, surtout, clarifier nos priorités.

Une façon simple de voir quelles sont nos priorités est d'observer le nombre d'heures ou de minutes que nous leur consacrons chaque jour.

Prenons le temps de réfléchir à notre emploi du temps quotidien et notons nos priorités dans notre journal de bord en fonction des questions suivantes.

• Notre agenda correspond-il à ces priorités? Oui ou non?

• Y a-t-il des choses à modifier dans notre vie, à en retirer ou à y ajouter pour que nos besoins, nos petits plaisirs et notre bien-être s'inscrivent en tête de liste de nos priorités?

• Sommes-nous prêts à prendre l'engagement de nous occuper de nous-mêmes dès maintenant? Oui ou non?

• De quelles conditions avons-nous besoin pour tenir notre engagement?

Vérifions auprès de deux ou trois amis ou collègues comment ils ont réussi à prendre une résolution et à modifier leur emploi du temps en conséquence, puis évaluons si les moyens qu'ils ont utilisés pourraient être une source d'inspiration pour nous.

Pour faire un geste symbolique, choisissons une très jolie carte de vœux et inscrivons-y notre engagement, par exemple :

Dans un an, j'aurai vieilli, que j'aie fait des gestes ou non. Je m'engage donc, en ce jour particulier où j'ai décidé de m'occuper de moi, à vivre davantage de joie et à modifier mon horaire afin qu'il corresponde davantage à mes nouvelles priorités.

Une personne importante : Moi.

Lenteur

Lentement le matin, tranquillement le midi, et le soir, on y pense

Une vie sans stress serait ennuyeuse et stagnante. Une vie remplie de stress serait déprimante et périlleuse. Plus cela va vite à l'extérieur, plus il faut ralentir notre rythme intérieur. Ralentir nos pensées, nos gestes, nos paroles. Nous le savons, le rythme extérieur est effréné, les exigences, démesurées, le niveau de stress, trop élevé. Les vertus de la lenteur sont nombreuses : ralentir la pensée lorsque nous sommes stressés permet de diminuer la pression et de désamorcer le sentiment d'impuissance et d'urgence. Ralentir permet de refaire le plein d'énergie. Pourtant, nous avons bien peu de temps pour ralentir ; en fait, nous n'avons jamais si peu pris le temps de réfléchir.

L'exercice suivant vise à nous aider à ralentir le plus possible tout au long de la journée. Nous devrons le pratiquer plusieurs fois pour en ressentir les bienfaits. Au début, quelques minutes suffiront, puis nous augmenterons sa durée à une heure et, éventuellement, nous le pratiquerons pendant une journée complète. Ce sera notre journée «lenteur».

- Au lever, ralentir signifie :

Prendre le temps de s'étirer et de respirer profondément (voir la lettre C pour *Carpe diem*), de sourire avant d'amorcer les tâches matinales. Prendre une minute ou deux pour penser à quelque chose de joyeux, à une personne agréable que nous rencontrerons aujourd'hui, à une activité particulière qui nous plaît bien ; prendre le temps de vérifier si nous sommes bien disposés à commencer la journée.

- Dans la douche, ralentir signifie :

Pendant une minute, ne rien planifier, stopper le flot de nos pensées, simplement apprécier l'eau qui nous ravigote. Ne fait-il pas du bien de ralentir ses pensées ? Profiter de ce moment dans la douche pour se masser le cuir chevelu avec l'intention de se détendre, trouver une odeur de savon qui nous fait du bien. Apprécier le fait d'avoir de l'eau chaude et sentir son effet bienfaisant sur tout notre corps.

- Au déjeuner, ralentir signifie :

Prendre le temps de savourer notre première gorgée de café et de goûter la première bouchée de notre déjeuner. Regarder le soleil se lever ou se laisser bercer par la pluie, et prendre le temps de bien commencer la journée. Certaines personnes apprécient grandement de lire le journal ; dans ce cas, prévoir quelques minutes supplémentaires pour profiter de ce moment. D'autres aiment écouter de la musique ; prendre le temps alors de faire une sélection de disques judicieuse pour amorcer la journée. Il arrive parfois que l'on ait peu de temps pour déjeuner. Comme il s'agit d'un moment précieux, vérifier les petits rituels qui nous permettront d'avoir le temps de le savourer pleinement.

- En voiture, ralentir signifie :

Prendre son temps et ne pas zigzaguer d'une voie à l'autre pour déjouer le temps. Laissons le slalom aux skieurs ! Il faut aussi savoir qu'un feu rouge ne dure que quelques secondes ; alors, de grâce, ne nous enrageons pas contre lui ! Est-il nécessaire de « pomper » de l'adrénaline pour si peu de temps ? Et puis, pour mieux profiter de la route, pourquoi ne pas emporter une sélection de nos disques préférés, que nous pourrons écouter tout en fredonnant de beaux airs ? Nous pourrions également profiter de ce moment pour apprendre les paroles d'une chanson qui nous inspire.

- Au travail, ralentir signifie :

Penser un peu plus lentement, bouger plus posément, parler plus doucement, tout simplement. Soyons ouverts aux discussions avec nos collègues. Prenons le temps de savourer nos minutes de pause. Si nous ne disposons que d'une minute, nous pouvons nous installer dans une position confortable et respirer profondément ; prendre le temps d'observer la réaction de notre corps à ce cadeau d'oxygène qu'il vient de recevoir ; puis, placer la langue au palais, derrière les dents, pour détendre la mâchoire et libérer les tensions.

Si nous avons cinq minutes, trouver une fenêtre et observer le décor ; partir, l'espace de quelques instants, à l'aventure ; s'étirer, respirer, enlever ses souliers, faire danser ses orteils ; lire un poème, une lettre de remerciement ou une carte ; observer les objets disposés dans notre lieu de travail, qui nous font du bien : photos, gris-gris, roche, souvenirs ; trouver une raison de rire ; rire renforce le système immunitaire et rend les relations plus harmonieuses.

- De retour à la maison, ralentir signifie :

Lorsque nous arrivons à la maison, évidemment, c'est l'heure du souper, et tout le monde est affamé. Avant de préparer le repas, ayons planifié des menus réconfortants : cela nous évitera le casse-tête du « qu'est-ce qu'on mange ? ». Enfin, prenons le temps de humer les odeurs, de mettre de la musique, laissons nos enfants ou notre conjoint mettre la main à la pâte : ayons du plaisir à concocter ce repas ! Pourquoi ne pas allumer des bougies, même la semaine ? Ainsi, souper ne sera plus synonyme de corvée. Lorsque nous passons à table, prenons le temps de déguster : ralentissons, mastiquons bien. Assurons-nous que le repas est vraiment partagé par toute la famille et que tous les convives conversent ensemble. Apprécions ce moment béni !

- Durant la soirée, ralentir signifie :

Premièrement, enfilons un vêtement confortable. Décompressons. Nous avons tous, dans la maison ou au jardin, un endroit préféré ou un fauteuil de prédilection. C'est le moment d'en profiter ! Prenons au moins 30 minutes, seulement pour nous. Nous pourrons lire un bon livre, écouter la télévision, écrire, fermer les yeux ou faire toute autre activité qui nous fait plaisir. Nous avons le temps de nous y adonner. Nous devons prendre ce temps. Il nous appartient. Mais il arrive parfois que nous voulions tout terminer avant de nous y consacrer ne serait-ce que quelques minutes. Essayons plutôt d'inverser cet ordre, c'est-à-dire de prendre du temps pour soi puis d'accomplir les tâches qui nous incombent. En modifiant ainsi l'ordre habituel des choses, surtout dans les périodes de haute voltige du stress, les bienfaits ressentis seront d'autant plus importants : cela nous permettra de recharger nos batteries et de ressentir plus de calme intérieur. Voilà quelque chose que l'on adoptera à coup sûr si on l'essaie !

• Au coucher, ralentir signifie :

Faire le vide. Expirer. Demain est un autre jour, nous n'avons pas à y penser tout de suite. Vivons le moment présent. Prenons le temps d'apprécier comme il est bon de se glisser sous les draps. Laissons-nous aller au sommeil, relâchons tout. Dormons !

Ces changements sont presque imperceptibles et demandent peu d'efforts. Peu à peu, le sentiment d'urgence s'estompera, et, étrangement, nous mènerons à terme l'ensemble de nos tâches en percevant une agréable différence : notre énergie aura beaucoup augmenté.

Petit aide-mémoire

• Ralentir sa pensée : ça ne fait de mal à personne.
• Ralentir ses gestes.
• Ralentir, en toute occasion.
• Joindre les rangs de mouvements pour la lenteur.

Motivation...

... quand tu nous tiens!

Difficile de parler de ce sujet sans parler de buts, d'objectifs, de rêves! Généralement, le mécanisme de la motivation se met en branle lorsque nous sommes fin prêts à nous engager et à faire des gestes concrets pour obtenir des résultats. Il est possible qu'avec le temps nous ayons mis nos désirs les plus profonds en veilleuse de façon à répondre aux besoins et aux désirs des autres. Cela peut nous procurer un sentiment de vide intérieur et même nous empêcher de trouver des moyens de mieux gérer notre stress.

La motivation trouve sa source dans le tandem engagement-action. Nous avons vu auparavant que maintenir une situation qui nuit à notre santé et à notre bien-être peut s'avérer dangereux, et que l'engagement à s'occuper de soi-même est donc primordial (voir la lettre K pour Kif-kif).

La première étape de maintien d'un niveau de motivation élevé consiste à noter par écrit un but, un objectif ou un rêve. Veiller à écrire le plus simplement possible, sans jugement ni censure. Il arrive que nous sachions de manière exacte ce que nous souhaitons, mais il se peut aussi que nous n'ayons qu'une vague idée du défi que nous aimerions relever. Dans les deux cas, il faut créer de l'espace pour véritablement réfléchir à notre rêve et y porter toute notre attention. Nous devons chercher à être spécifique. Par exemple, dire que nous aimerions ne plus avoir de patron n'a pas tout à fait le même sens que dire que nous aimerions devenir travailleurs autonomes pour utiliser nos compétences professionnelles dans la prochaine année.

📓 L'heure est aux questions et, bien sûr, au journal de bord, où nous noterons nos réponses aux questions suivantes.

- Quel est mon objectif ou mon rêve, et pourquoi est-il important ?

- Quels sont les obstacles qui m'empêchent de le réaliser ?

- Quels sont les atouts existants qui peuvent m'aider à le concrétiser ?

La deuxième étape consiste à préparer un plan. Dans le but d'augmenter et de maintenir notre motivation, nous devons passer à l'action. Combien de temps nous faudra-t-il pour réaliser notre objectif ? Attention ! Il nous faut demeurer réalistes. Nous ne pourrons pas, par exemple, perdre 40 kilos et retrouver une bonne forme physique en deux semaines. Il s'agira d'abord de noter les démarches à entreprendre en vue d'atteindre notre but, de les inscrire au calendrier, puis de modifier notre horaire en nous accordant du temps pour travailler à notre projet. Si nous devons sacrifier une heure de télévision par semaine, soit! Si nous devons modifier notre heure de dîner ou que nous avons besoin de nous retrouver seuls, soit! En nous engageant à mettre en œuvre un plan d'action, nous augmenterons notre motivation et nous constaterons rapidement des résultats qui, à leur tour, deviendront des facteurs de motivation. Et lorsqu'un projet nous tient à cœur, nos réserves d'énergie et d'enthousiasme sont plus élevées: la joie s'installe et le stress diminue d'autant.

Enfin, la troisième étape consiste à conserver une excellente motivation. Il est relativement facile d'être motivé durant quelques semaines, peut-être même quelques mois. Mais avec le temps, si notre objectif n'est pas clair, notre détermination s'estompera. Il est donc important qu'il soit représenté par une image visible à tout moment, qu'il s'agisse d'une photo, d'un collage, d'une image ou d'une phrase résumant notre engagement. N'importe quel symbole du but à atteindre conviendra. Évidemment, il y aura probablement des hauts et des bas. Nous ne devons pas nous ajouter de pression, simplement nous souvenir que la vie n'est pas une course et que nous atteindrons notre objectif un jour pas si lointain. Certaines personnes préféreront poursuivre leurs démarches seules, d'autres choisiront de s'entourer d'amis pour garder intacte leur motivation. Pour une fois, établissons nos propres règles à notre convenance!

Par exemple, nous devons nous rappeler que nos croyances sont une des clés de la motivation. Ce sont nos croyances sur le monde et sur nous-mêmes qui déterminent la façon dont nous agissons au quotidien. Supposons qu'une personne veuille améliorer sa forme physique et sa santé, et que son objectif principal soit de s'entraîner, de faire de l'exercice. Si cette personne a développé la forte croyance que faire de l'exercice est synonyme de douleur, peu importe son désir de se mettre en forme, elle aura de la difficulté à atteindre ses objectifs tant que sa croyance sur l'exercice ne se sera pas modifiée. Bien peu de gens ont le goût ou le courage d'entreprendre des choses qui créent une certaine souffrance. Ils veulent, bien au contraire, les éviter à tout prix.

Prenons un moment pour réfléchir aux croyances qui peuvent nous empêcher d'avoir la motivation suffisante pour atteindre nos objectifs.

Petit aide-mémoire

- Préciser son rêve, son but, son projet.
- S'engager par écrit.
- Élaborer un plan et adapter son horaire en conséquence.
- Afficher son but bien en vue.
- Se trouver une équipe de soutien au besoin.
- Réviser ses croyances au besoin.

NON
Ça n'a rien de négatif

Vers l'âge de deux ans, l'enfant qui s'exerce à dire non fait face à une multitude d'exigences sociales. Il apprend assez rapidement que le oui est souhaitable pour maintenir l'harmonie et la bonne humeur au sein de la famille. Ainsi, nous avons appris que le oui était valorisé et accepté alors que le non pouvait provoquer du rejet, de la culpabilité, et donner un sentiment d'égoïsme. En fait, dire oui quand on a envie de dire oui et dire non quand on a envie de dire non cause peu de problèmes. Nous développons une charge émotionnelle importante quand le oui «à tout prix» prime sur le non. Nous augmentons alors notre taux d'adrénaline, cette hormone du stress. Le rythme cardiaque s'accélère, tout comme la pression sanguine. À long terme, cette situation peut causer d'importants problèmes de santé.

C'est lorsque nous disons oui alors qu'une voix intérieure nous crie de dire non que nous développons frustrations et regrets. Nous nous sentons trop souvent obligés de dire oui et nous passons donc une bonne partie de notre temps à faire des choses que nous n'avons pas vraiment envie de faire, si bien que notre niveau de stress monte en flèche. Pourquoi un simple non est-il si difficile à exprimer ? Parce que nous avons pris l'habitude de dire oui ; parce que nous avons peur de la réaction des autres, peur de les décevoir ; parce que nous n'aimons pas les conflits et que nous préférons l'harmonie ; parce que nous avons peur que nos proches ne nous aiment plus ; parce que nous avons peur de regretter notre décision, peur de perdre notre emploi, une amitié ou une relation, et, surtout, parce qu'il est tout simplement plus facile de dire oui pour avoir la paix.

Un des pièges qui nous guettent ici, c'est de confondre la personne nous adressant une demande et la demande elle-même. Si nous refusons une requête, nous ne rejetons pas la personne, nous disons simplement non à sa demande.

Par exemple, une amie nous demande de lui donner un coup de main pour résoudre un problème informatique. Elle croit que cela ne devrait prendre que quelques minutes, mais notre expérience nous dit que ce petit problème peut prendre une heure ou deux. Nous sommes coincés dans le temps. Notre amie a un besoin urgent, mais nous en avons aussi. Nous avions prévu d'aller au cinéma avec les enfants et nous ne voulons pas les décevoir. Nous ne rejetterons pas notre amie en lui disant que nous ne sommes pas disponibles, nous ne rejetterons que sa demande.

Commencer à dire non quand tout le monde connaît notre disponibilité peut sembler difficile, mais en réalité, c'est la première fois qui est la pire. D'ailleurs, nous pourrions être surpris de la réaction des autres. Il arrive fréquemment que les gens acceptent de bon gré un refus et, qui plus est, qu'ils en soient heureux ! En effet, il nous est probablement déjà arrivé de rappeler quelqu'un pour décliner une invitation et qu'il nous réponde : « Justement, cela fait mon affaire que tu annules, je suis tellement débordé ! » Nous qui nous sentions comme un lion en cage avant de faire cet appel, soudain nous sommes aussi soulagés que notre interlocuteur. De plus, sachons qu'il y a bien des façons de dire non.

Nous pouvons être brefs et concis, car il n'est pas nécessaire de se justifier et de donner des explications à n'en plus finir. Il suffit de dire non simplement, poliment, gentiment, calmement. Par exemple, supposons que nous recevions une demande pour siéger à un conseil d'administration, mais que, même si la cause nous intéresse, nous n'avons ni le temps ni l'énergie d'ajouter des réunions à notre horaire, déjà trop chargé. Nous pourrons répondre de cette manière : « C'est très gentil de votre part d'avoir pensé à moi, mais je ne peux vraiment pas. »

La franchise est un atout. Lorsque nous disons la vérité, en général, les gens respectent notre volonté. Une autre façon de répondre pourrait être : « C'est gentil d'avoir pensé à moi, mais j'ai pris la décision de consacrer plus de temps à ma famille et à mes projets personnels (voir la lettre M pour Motivation). Je n'ai donc plus de disponibilité. »

Dans certaines situations, il est parfois préférable de dire non sur-le-champ, de ne pas remettre cela à plus tard, car alors le non-dit pourra être perçu comme un acquiescement, et il s'avérera plus difficile par la suite de décliner l'offre ou l'invitation. Dans d'autres cas, le fait de s'accorder du temps pour réfléchir nous permettra de mieux affirmer notre décision.

Il se peut aussi que nous ayons besoin de temps avant de prendre notre décision: «Laisse-moi y penser, je t'en reparlerai.» ou encore «Je suis très occupé en ce moment, mais je te rappellerai.» Nous accorder du temps nous permettra d'évaluer la situation et de nous demander si nous voulons vraiment faire telle ou telle activité. Est-ce que c'est ce que nous préférons faire?

Il y a des non qui ne laissent aucune place à la négociation, et d'autres où l'on peut proposer des solutions de rechange ou des compromis. Il arrive par exemple que nous devions refuser une demande, mais que nous puissions toutefois la transmettre à quelqu'un d'autre. Il se peut aussi que nous ne soyons pas disponibles immédiatement, mais que nous puissions l'être un peu plus tard, ou encore que nous trouvions une autre façon, tout aussi efficace, de répondre à la demande qui nous est faite.

Au début, il est normal que l'on ressente un inconfort lorsque nous disons non à quelqu'un. En fait, maîtriser cet art avec le sourire demande un peu de pratique. Il s'agira ici de trouver les bons mots, de vérifier notre zone de confort et de faire régulièrement des répétitions, comme si nous étions au théâtre. Pour accroître sa confiance en soi et sa capacité de dire non, il est préférable de commencer par de petits non. D'observer les réactions, de constater que ce n'est pas si mal et de recommencer. Ainsi, on accroîtra notre confiance en nous et notre respect envers nous-mêmes, on déterminera mieux nos limites et on commencera à choisir les choses qui nous font du bien au lieu d'être à la merci de notre incapacité de dire non.

Dans notre journal de bord, notons quelques situations simples où nous aimerions dire non, puis indiquons celles où nous avons enfin réussi à le faire.

Petit aide-mémoire

- Dire non gentiment. Offrir des solutions de rechange.
- Se pratiquer à dire non.
- Dire non ne signifie pas être égoïste.
- Petit non deviendra grand !

Objections

Objection rejetée!

Nous pouvons avoir des objections à l'idée de prendre le temps de nous occuper de nous-mêmes. En effet, beaucoup de distractions peuvent nous éloigner de ce but premier. Ces distractions peuvent cacher une difficulté à reconnaître que nous méritons de bien gérer notre stress et que nous en valons la peine. Mais, en réalité, ces distractions chroniques ne sont que de mauvaises habitudes.

«C'est la faute des autres!»

Une des objections souvent mentionnées, c'est que nous n'avons pas de temps pour nous puisque les autres prennent tout notre temps. Or, en rejetant ainsi le blâme sur les autres, nous n'avons pas de pouvoir sur notre vie. Il est vrai que les exigences sont nombreuses et que nos obligations envers les autres grugent beaucoup de notre temps, et c'est justement pourquoi il faut nous accorder des moments privilégiés. En fait, nous traitons les autres de la même façon que nous nous traitons nous-mêmes. Si nous ne nous accordons jamais de temps de qualité, nous aurons de la difficulté à accepter que les autres le fassent. Imaginons que notre conjoint nous informe qu'il va jouer au golf cet après-midi alors que nous sommes débordés, que nous n'avons pas le temps de souffler et que la liste des choses à faire ne cesse de s'allonger. Évidemment, notre frustration sera encore plus grande. Mais si nous prenons le temps de faire une activité qui nous plaît, notre réaction sera sûrement différente.

«Ce n'est pas le moment idéal!»

Quand les choses se seront calmées, nous pourrons enfin prendre du bon temps, nous disons-nous. Et si les choses ne se calmaient jamais? Attendre le moment idéal pour remettre du plaisir dans sa vie, pour se relaxer, pour gérer son stress est presque utopique. Nous vivons généralement dans la frénésie: période difficile au travail, course ininterrompue avec les enfants ou les parents, temps des fêtes à l'horizon, tâches quotidiennes qui s'accumulent... Bref, l'essoufflement nous guette. Cependant, il n'y aura jamais de moment idéal pour prendre la décision de nous occuper de nous-mêmes. Il semble que nous nous servions de cette objection pour étouffer notre culpabilité et remettre à plus tard notre responsabilité. Car, nous le savons trop bien, nous occuper de nous-mêmes est notre première responsabilité.

«Je ne sais pas ce qui me ferait plaisir!»

Il arrive que nous ne sachions pas ce qui nous ferait vraiment plaisir. Prendre un café avec un ami ou lire un bon roman devant un feu de foyer? Nous nous posons plusieurs fois la question, et, à force d'hésiter, c'est déjà l'heure de reprendre le train-train quotidien.

Il est important de faire une liste détaillée des choses qui nous font plaisir et de la garder à notre vue. Cette liste devrait contenir des activités ne demandant que quelques minutes ainsi que d'autres en prenant davantage, d'une demi-heure à une heure, par exemple. Il suffira de les inscrire dans un petit cahier.

Lorsqu'il s'agit de gérer notre stress, rappelons-nous que, en cas de doute sur le choix d'un petit plaisir, vaut mieux agir que s'abstenir!

«Les résultats se font attendre!»

Une autre objection se rapporte à notre impatience: nous voulons des résultats concrets, importants et immédiats. Nous sommes si débordés, fatigués, épuisés que nous ne croyons pas que de tout petits gestes puissent faire une différence, changer notre chimie corporelle et diminuer notre stress. Par contre, il est certain que si nous ne faisons rien, nous n'obtiendrons pas de résultats. Pourtant, il nous arrive de cultiver la pensée magique. Nous voulons tout, tout de suite. Encore une fois, apprendre à gérer son stress se fait graduellement (voir la lettre P pour Petits pas).

«Le temps, c'est de l'argent!»

Même si nous n'avons ni temps ni argent, cela ne veut pas dire que nous ne pouvons pas prendre quelques minutes par jour pour nous occuper de nous. Dans la liste de choses que nous avons élaborée précédemment, plusieurs sont gratuites et accessibles, comme chanter, rire, parler, lire, danser, marcher, courir, dessiner, regarder, écouter, écrire, sentir… L'objection du manque d'argent peut être une autre excuse pour remettre notre bien-être aux calendes grecques. Nous pouvons dès maintenant décider que notre vie est importante, même si nous n'avons pas gagné le million à la loterie.

Il est impératif de se rappeler que l'on ne peut pas, à moyen ou à long terme, contribuer à la vie des autres si on se néglige constamment. Toutes ces objections sont des freins chroniques au changement.

Notons dans notre journal de bord quelles objections sont pour nous des freins à la gestion de notre stress.

Petit aide-mémoire

- La responsabilité de nous occuper de nous-mêmes nous appartient.
- Le moment idéal, c'est maintenant.
- Noter dans un journal quelles activités et quelles choses nous font plaisir.
- Vivement la patience!
- L'argent ne devrait pas être un obstacle à quoi que ce soit.

Petits pas

Rien ne sert de courir...

Si nous voulons aller loin et réussir à mieux gérer notre stress, il nous faut partir, connaître le chemin et avancer tranquillement, un pas à la fois. Il nous arrive parfois de nous fixer des objectifs si vastes qu'ils sont irréalisables, et nous nous décourageons parce que les résultats se font attendre et qu'ils nous semblent inaccessibles. Nous ne pouvons même plus répondre à nos propres attentes. Pour réussir, nous devons d'abord nous fixer des buts réalistes. Même avec la meilleure volonté du monde, il est impossible de changer complètement notre vie du jour au lendemain et d'obtenir comme par magie des heures et des heures de temps libre.

L'impatience nous guette. Nous voulons tant des résultats rapides que, au moment où nous décidons enfin de passer à l'action, le jour 1 est absolument parfait. Nous avons respecté notre engagement et nous sommes fiers de nous. Le jour 2, par contre, se passe beaucoup moins bien : nous avons l'impression de reculer, avec un sentiment d'échec, et nous abandonnons. Voilà peut-être un exemple quelque peu caricatural, mais il démontre bien notre état d'impatience et le fait que le manque de résultats concrets à court terme peut nous démotiver.

Si nous désirons introduire de nouveaux comportements dans notre vie ou adopter de nouvelles attitudes, nous devons nous rappeler quelques règles inhérentes au processus d'intégration. Pour que l'on atteigne plus facilement nos objectifs, ceux-ci doivent être divisés en plusieurs étapes et formulés de manière concrète, et leurs effets doivent être mesurables et vérifiables. Nous pourrions, par exemple, décider de pratiquer tous les jours un exercice de relaxation de dix minutes pour développer l'habitude de ressentir le calme. Notons dans notre journal de bord un ou deux objectifs que nous aimerions atteindre dans notre vie.

La technique des «petits pas» suggère que nous nous engagions dans une pratique assidue. Il est préférable d'allouer dix minutes à quelque chose régulièrement que de ne rien faire du tout. En constatant les bienfaits obtenus, il est possible que nous ayons envie d'augmenter le temps consacré à l'activité choisie. Cependant, plus nous y allons doucement, plus l'intégration de nos nouvelles habitudes sera durable. N'avons-nous pas déjà pris des résolutions au Nouvel An avec détermination, mais en présumant de nos forces et de notre disponibilité? En fait, il s'agit d'engagements irréalistes, que nous abandonnons donc peu de temps après.

Pour que nos objectifs se transforment en réussite plutôt qu'en échec, prenons le temps de noter quelle activité retient notre attention, combien de temps par jour nous voulons lui consacrer, à quel moment de la journée. Y a-t-il un domaine spécifique où nous voulons commencer à faire nos «petits pas»?

Par exemple, se promener dehors pendant cinq minutes à l'heure du dîner. Ces périodes sont sacrées, mais, si pour une raison exceptionnelle, ce n'est pas possible un midi, une courte marche après le souper fera l'affaire.

Dans notre journal de bord, notons notre plan en indiquant l'activité choisie, l'endroit où nous la pratiquerons et la durée souhaitée.

Même en cas d'inconfort, nous devons continuer nos petits pas, tout en respectant nos limites, bien sûr! Il est important de noter quels sont nos inconforts, sans toutefois porter de jugement, en gardant l'esprit ouvert. Prendre soin de soi ne doit pas représenter une performance: il n'y a rien à réussir ni à prouver, pas d'examens ni de notes.

Nous devons nous rappeler qu'il n'y a rien de magique. Nous aurons le sentiment d'avancer et, parfois, de reculer. Nous ne devons pas nous inquiéter en cas de recul, car cela ne veut pas dire que nous ne pouvons pas atteindre nos objectifs, mais simplement que nous sommes humains et que notre corps et notre esprit s'ajustent de cette façon à la nouveauté. Nous devons persister malgré un parcours chaotique, car le succès se trouve dans le tournant. Les petits pas permettent d'avancer en douceur vers ce qui, un jour, sera la vie que nous souhaitons.

De plus, lorsque nous mettons une intention derrière le geste, nous augmentons automatiquement notre niveau de conscience, ce qui représente un atout majeur pour adopter de nouveaux comportements et attitudes. Si nous décidons de faire une promenade et si nous y ajoutons l'intention de nous relaxer, de nous défouler ou tout simplement de nous faire du bien, ses effets s'en trouveront quintuplés.

Petit aide-mémoire

- De petits objectifs valent mieux que pas d'objectif du tout.
- Une pratique doit être assidue et régulière.
- Avancer et reculer fait partie du processus.
- Attention à la recherche de résultats rapides !
- Avoir un plan d'action... où ? quand ? comment ? Etc.
- L'intention derrière le geste multiplie les effets.

Quête

Découvrez l'alchimiste en vous!

La quête d'équilibre et de sens est la pierre angulaire de notre volonté de mieux gérer notre stress. Nous avons tous, à un moment ou l'autre, ressenti notre propre fragilité, notre impuissance à composer avec l'ensemble de nos tâches. Nous avons alors eu le sentiment d'être dépassés par les événements. Le seuil de tolérance au stress varie selon les personnes, et le problème réside non pas dans la charge de stress en tant que telle, mais plutôt dans notre façon d'y réagir. Comment trouver l'équilibre entre vie passionnante et vie épuisante? Lorsque nous vivons à 200 kilomètres à l'heure et que nous voulons tout faire, l'épuisement s'installe et nous perdons le sens de nos priorités. L'adrénaline et les autres hormones du stress nous donnent l'impression, à court terme, d'être efficaces et performants. Mais à long terme, il n'en est rien, et ces mêmes hormones nuisent à notre santé et à notre équilibre.

Sans relâche, nous devons coordonner nos obligations professionnelles, familiales, sociales et personnelles. Notre vie ressemble aux montagnes russes ; nous sommes si habitués à être stressés que cela devient finalement un *modus vivendi*. Nous ne savons plus par où commencer pour mettre fin à toute cette frénésie. En fait, l'équilibre de vie doit être bien plus qu'une notion théorique.

Nous confondons parfois action et agitation. Bouger constamment, avoir un horaire beaucoup trop chargé, dire oui quand nous voudrions dire non (voir la lettre N pour Non) sont des symptômes à déceler dans notre quête d'équilibre et de sens. Nous avons tendance à oublier que le temps est une ressource non renouvelable ; il ne s'achète pas, ne s'emprunte ni ne se manufacture. De plus, gérer son temps signifie donner la priorité à ce que nous reconnaissons comme prioritaire.

L'exercice de la page 92 vise d'une part à déterminer les priorités de nos vies et à les mettre en perspective, et d'autre part à vérifier si le temps que nous accordons à chacune d'entre elles est suffisant ou non.

Prenons le cas de Monsieur X, qui travaille six jours par semaine et n'a donc pas le temps de rencontrer l'âme sœur. Il met une croix sur l'amour et sur le projet de fonder une famille. Il est certain que sa vie s'éteindra s'il perd son emploi !

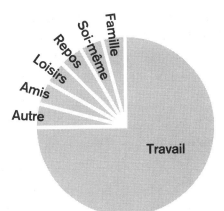

Dans ce cas, nous constatons que le travail a pris une place démesurée. Il faut également tenir compte de tous les éléments qui y sont reliés : embouteillages, réunions interminables, souci de performance, exigences à la hausse... On nous demande de « faire plus avec moins » dans un exercice de haute voltige du stress, et ce, jour après jour, saison après saison. Pas de répit à l'horizon ! Il est donc urgent de faire une pause et d'examiner notre rapport au travail. Est-il sain ? Correspond-il à ce que nous désirons ? Sommes-nous pris dans le tourbillon de la consommation, avec une ou deux maisons (le chalet est devenu une vraie maison), une, deux ou trois voitures, une piscine, un spa, etc. ? Devons-nous gagner de l'argent à n'importe quel prix ? En fait, travaillons-nous parce que nous avons du plaisir à créer, que notre travail nous satisfait et qu'il est important, ou encore parce que nous voulons apporter notre contribution sociale et que nous aimons travailler, tout simplement ? Pour rétablir l'équilibre dans nos vies, nous devons absolument revoir nos obligations et notre sens du travail.

Par ailleurs, nous constatons que le temps que nous nous accordons est souvent très limité et que la famille, les obligations sociales et le travail correspondent à de grandes pointes de la «tarte» de nos priorités. Il est illusoire de penser qu'à long terme nous serons efficaces si notre principal carburant est l'adrénaline et si nous nous gardons rarement du temps pour nous-mêmes.

Dans notre journal de bord, faisons maintenant deux graphiques en forme de tarte. La première tarte représente notre vie actuelle. Séparons-la en plusieurs pointes : soi-même, travail, famille, conjoint, amis, et autres catégories qui nous viennent à l'esprit.

Selon ces mêmes catégories, faisons maintenant notre second graphique en forme de tarte, illustrant cette fois notre vie telle que nous la souhaitons.

- Qu'est-ce qui nous empêche de mettre de l'équilibre dans notre vie ?

- Quel secteur de ma vie est-ce que je choisis d'équilibrer ?

- Quelle est la pire chose qui pourrait nous arriver si nous accordions un peu de temps aux priorités de notre second graphique ? Quelle est la meilleure chose qui pourrait nous arriver ?

Petit aide-mémoire

- Quel sens donne-t-on au travail ?
- Les pointes de tarte de notre premier graphique correspondent-elles à nos souhaits et à nos valeurs ?
- Quelles sont les pires et les meilleures choses dont nous devons tenir compte dans notre quête d'équilibre ?

Rire

Rira bien qui rira… chaque jour!

Rire est si simple, naturel et spontané! Cela fait tellement de bien! Parfois, le stress et les obligations quotidiennes font que nous oublions de rire. Les enfants rient en moyenne 150 fois par jour, comparativement à un maximum de six fois par jour pour les adultes. Or, rire libère des endorphines, diminue la douleur et l'anxiété, stimule le système immunitaire et améliore la respiration. Bien que nous sachions que cela contribue à l'équilibre de la santé, nous laissons passer, tout au long de la journée, de nombreuses occasions de rire. Quelques minutes de rire font pourtant un bien immense! Un fou rire magistral sollicitera les muscles du visage, des épaules et du diaphragme, et le simple fait de nous le remémorer par la suite nous fera sourire. En fait, lorsque nous rions à gorge déployée, tout l'intérieur de notre corps reçoit un massage, en quelque sorte, et on pourrait comparer cette action salutaire à une sorte de jogging interne.

Et il n'y a pas que le rire qui soit bienfaisant, «l'après-rire» l'est également. Le lendemain d'une soirée entre amis où nous nous sommes dilaté la rate par une bonne crise de fou rire, les effets bénéfiques sont encore présents : nous sommes détendus, sereins, nos muscles sont relâchés, nous avons mieux dormi et nous nous levons bien reposés. De plus, le seul souvenir de cette soirée ponctuée d'éclats de rire nous replongera dans une douce euphorie. Il est merveilleux de savoir que le rire nous est accessible en tout temps et en tout lieu, et que nous pouvons choisir de rire de tout… ou presque !

Malheureusement, il semble que nous ayons presque évacué le rire de nos vies. Une petite enquête maison m'a permis d'obtenir les réponses suivantes à la question : «Pourquoi rions-nous si peu ?»

- Nous avons trop de choses à faire, nous n'avons pas le temps.
- Rire ne fait pas sérieux.
- Rire au travail envoie le message que je ne travaille pas.
- Il n'y a rien de drôle.
- La vie est dure.
- Tout va trop vite.
- C'est mal vu.
- Cela ne rapporte rien.
- Nous sommes pris dans un carcan.
- Je n'y pense pas, j'oublie.
- Rire de quoi ?
- Nous n'en avons pas l'occasion.
- Cela prendrait de bonnes raisons pour rire.
- Rire, c'est banal.
- Nous avons peur du ridicule.

En fait, lorsque notre niveau de stress est très élevé, certaines de ces réponses peuvent être de bonnes excuses pour ne pas rire. Cependant, nous savons que c'est justement dans les périodes de stress que nous avons besoin d'augmenter nos endorphines, d'ajouter de la joie et du plaisir dans nos vies, et ce, plusieurs fois par jour. D'ailleurs, nous sommes attirés par les gens qui nous font rire, car ils nous permettent en général d'oublier, pour un instant, nos problèmes et notre stress. Ainsi, nous sommes souvent surpris de voir nos préoccupations diminuer ou parfois même disparaître après une sortie ou une rencontre qui nous a permis de nous éclater.

En raison de ses grands bienfaits, le rire est un cadeau. Nous allons donc nous fabriquer ici une petite «trousse du rire», qui saura nous stimuler et nous donner davantage d'occasions de rire. En fonction des points suivants, notons dans notre journal de bord des éléments auxquels nous pourrons nous référer aisément et qui constitueront notre «trousse du rire».

- Nommer les personnes qui nous font rire.

- Nous souvenir de fous rires que nous avons eus.

- Nous procurer des films qui, à coup sûr, nous font rire.

- Être attentifs à ce qui nous fait rire: les situations, les émissions, les animaux, les objets, etc.

- Repenser à des situations qui ont pu, autrefois, nous sembler dramatiques et qui, aujourd'hui, nous font rire.

- Nous pratiquer à rire de nous-mêmes; quel que soit le problème, y trouver un angle amusant.

- Recueillir des mots d'enfant qui nous font rire.

- Quelle est la dernière fois que nous avons ri aux larmes ? Avec qui était-ce ? Où était-ce ? De quoi s'agissait-il ?

- Qu'est-ce qui pourrait nous empêcher de rire tous les jours ?

- À la question «Que faites-vous dans la vie ?», prenons l'habitude de répondre que nous rions le plus souvent possible !

Sommeil

Nos nuits aussi belles que nos jours

Il n'y a rien de pire que de se retourner d'un côté et de l'autre dans son lit sans trouver le sommeil! Nos pensées s'emballent et, les yeux grands ouverts, nous tentons de solutionner mille et un problèmes, la plupart du temps sans succès. Nous nous énervons parce que nous ne dormons pas et nous ne dormons pas parce que nous nous énervons. L'insomnie est une réponse habituelle au stress et aux tensions du corps et de l'esprit qui se sont accumulées tout au long de la journée.

De plus, le manque de sommeil est un facteur supplémentaire de stress. Nous devons donc absolument nous préoccuper de notre sommeil car, lorsque nous dormons peu ou mal, nous sommes moins d'attaque pour affronter les défis du lendemain. Empiéter sur ses heures de sommeil en raison d'un manque de temps est une arme à double tranchant, puisque l'usure qui en résulte ne pardonne pas.

Si nous voulons mieux gérer notre stress, nous devons donc porter une attention particulière à notre sommeil.

Il est impossible de déterminer un nombre idéal d'heures de sommeil pour tous, puisque les besoins varient beaucoup selon les gens. Certaines personnes ont besoin de huit à neuf heures alors que d'autres se contenteront de cinq à six heures.

À l'avenir, nous observerons davantage la qualité de notre sommeil et nous vérifierons s'il est vraiment réparateur.

L'environnement

Il est évident que notre chambre à coucher doit favoriser la détente. S'il y a, sur la table de chevet, des piles de dossiers à lire pour notre travail, des choses à classer, etc., et que l'environnement est dans un désordre total, il sera plus difficile de nous relaxer et de nous préparer doucement au sommeil. Ainsi, vous ne dormiriez sûrement pas l'esprit tranquille dans votre bureau, votre atelier ou votre salle de lavage ! Le choix d'une pièce consacrée au sommeil a donc ses raisons que la raison reconnaît bien. En fait, ce devrait être un lieu de repos aéré, propre, dont les objets et les couleurs inspirent le calme. Un havre de paix.

Le lit

Il est important d'avoir un lit confortable, dans lequel on se sent à l'aise. Peut-être est-il nécessaire de changer de matelas ? Nous devons aussi nous rappeler que, si nous travaillons, étudions, rédigeons des rapports, mangeons, discutons, écoutons la télévision au lit, il nous sera peut-être plus difficile de nous endormir parmi les miettes et les stylos oubliés. Le lit, c'est pour le sommeil, la douceur et l'amour! L'odeur des draps frais est également une belle invitation au sommeil.

La préparation au sommeil

Avant de se coucher, il est recommandé de prendre un bain chaud, d'écouter une musique relaxante et de prendre une tisane plutôt qu'une boisson excitante. D'ailleurs, il est sage de réduire, dans la soirée, la quantité de liquide absorbé, pour éviter de se lever en pleine nuit avec l'envie d'uriner. Voici venue l'heure de se détacher de ses préoccupations : pour cela, il peut être utile de les noter sur un papier et de ranger celui-ci hors de notre vue. Les rois réglaient le sort du monde dans leur lit, où ils tenaient salons et conseils. Contrairement à eux, nous ne sommes pas tenus de nous endormir en pensant aux problèmes d'un royaume. Les nôtres sont fidèles, ils nous attendront jusqu'au lendemain matin! C'est le moment de tourner le dos à sa journée de travail en créant un rituel, un moment sacré.

Des exercices de relaxation

Il existe plusieurs méthodes de relaxation (voir la lettre Y pour Yoga et la lettre C pour *Carpe diem,* sur les exercices de respiration). Celle que nous suggérons ici est inspirée du *training autogène*. Il s'agit simplement de se concentrer de 10 à 30 secondes sur chaque partie du corps.

> Ma jambe droite est lourde…
> Ma jambe gauche est lourde…
> Mes deux jambes sont lourdes…
> Mon bras droit est lourd…
> Mon bras gauche est lourd…

Mes deux bras sont lourds…
Mes bras et mes jambes sont lourds…

Cet exercice peut être répété deux ou trois fois. Bonne nuit, et faites de beaux rêves !

Le réveil durant la nuit

Il arrive que nous nous endormions immédiatement en nous couchant et que l'insomnie survienne au beau milieu de la nuit. Voici quelques trucs pour éviter qu'elle se prolonge jusqu'au petit matin.

- Se lever et lire quelques minutes ; habituellement, de 10 à 15 minutes suffiront.

- Compter à l'envers, 100-99-98, en portant toute son attention à cet exercice ; cela nous évitera de penser aux choses qui nous causent du stress. En cas d'erreur, reprendre le décompte au début.

- Se concentrer sur son expiration : certaines personnes trouvent relaxant de prendre conscience de leur respiration tandis que d'autres trouvent cela oppressant ; il faut donc voir si cela nous convient.

- Refaire mentalement un voyage, en se rappelant les détails, les lieux, le nom des villes, les gens, etc. L'idée ici est de se concentrer sur quelque chose qui interrompra le flot des pensées, lesquelles génèrent des émotions qui empêchent de dormir.

Le matin

Le réveil se fait-il en douceur ou brutalement, par une sonnerie stridente ? Est-ce plutôt par les nouvelles à la radio, qui nous rappellent que la vie n'est pas drôle, ou par les demandes incessantes de toute la famille ? Prendre le temps de bien se réveiller est un petit bonheur en soi. S'étirer comme un chat, bâiller comme un tigre, respirer en se gonflant le ventre comme un bébé : quelques secondes suffisent pour se lever du bon pied !

Thermomètre

La fièvre du contrôle

Nous savons qu'un thermomètre est un instrument pour mesurer la température ambiante, sur lequel nous n'avons pas de contrôle, et qu'un thermostat est un appareil qui sert à maintenir une température constante, sur lequel nous avons le contrôle. Pourquoi parler de thermomètre et de thermostat dans un abécédaire sur la gestion du stress? Pas uniquement parce que leur première lettre est un T, mais bien parce qu'il existe un grand écart entre les choses que nous contrôlons et celles sur lesquelles nous n'avons aucun pouvoir. Et parfois, lorsque nous sommes particulièrement stressés, nous ne faisons plus la différence entre elles. Nous essayons d'agir sur des choses extérieures à nous et auxquelles nous ne pouvons rien en y consacrant du temps et de l'énergie; nous les laissons gruger nos émotions et parfois même quelques heures de notre sommeil. C'est une situation «thermomètre». En période de stress, nos inquiétudes sont exacerbées, même lorsqu'elles ne sont pas fondées, ce qui est souvent le cas ; ou alors, elles sont fondées, mais nous ne pouvons absolument rien aux situations qui les ont suscitées. Nous devons donc absolument développer la capacité de différencier ces deux types de situations.

Supposons que nous soyons coincés dans un embouteillage monstre et que nos pensées ressemblent à ceci : « Pourquoi aujourd'hui ? Ce n'est pas possible, l'autoroute est un véritable stationnement ! Je suis très pressé, j'ai un rendez-vous important ! La terre entière est contre moi ! Si je ne me présente pas à ce rendez-vous, je vais perdre mon emploi et je ne pourrai plus payer l'hypothèque ! Nous devrons donc déménager, mais pour aller où ? » Et ainsi de suite... Bien sûr, c'est là une caricature, mais imaginons un instant notre état d'âme. Plusieurs émotions se chevauchent ici : l'impatience, la colère et la peur. Un cocktail pour le moins difficile à digérer ! La situation décrite est « thermomètre », car nous n'avons pas de pouvoir sur un embouteillage. Par contre, nous pouvons contrôler nos pensées et notre cinéma intérieur ; c'est ce que nous appelons la situation « thermostat ». Être coincé dans un embouteillage est certainement contrariant, mais croire que nous n'aurons plus de travail et plus de toit tient davantage du catastrophisme.

Nous avons des habitudes de pensée et nous pouvons donc savoir à l'avance que, si nous nous engageons sur des terrains glissants, il s'ensuivra rapidement une escalade d'inquiétudes et d'angoisses qui prendra toute la place. Nos pensées deviendront alors irrationnelles et incontrôlables.

La méthode suivante nous aidera à éviter ce type de dérapage.

- Premièrement, prendre conscience des pensées qui surgissent. Se rappeler qu'une pensée provoque une ou plusieurs émotions, qui influenceront notre humeur et notre comportement.

- Deuxièmement, si un flot de pensées indésirables surgit ou s'apprête à surgir, dire le mot « stop » pour l'interrompre. Le simple fait de dévier sa pensée peut empêcher l'escalade. Nous ne sommes jamais obligés d'utiliser la pensée qui nous vient, puisqu'une pensée est toujours optionnelle. On pourrait comparer cela à un livre qu'on n'ouvre pas, par choix.

- Troisièmement, vérifier si la situation est « thermomètre ». Le cas échéant, nous saurons que nous ne pouvons rien y changer, mais que nous devons porter une attention toute particulière à nos pensées. Si, par contre, il s'agit d'une situation « thermostat », nous avons le plein pouvoir et nous devons passer à l'action pour transformer l'indésirable.

Nous croyons généralement que le stress nous vient de l'extérieur : d'un travail trop exigeant, de relations familiales tendues, d'un manque d'équilibre, d'un manque de temps ou d'autres raisons plausibles. Mais en fait, nous sommes très habiles à générer notre propre stress. Ainsi, notre langage intérieur est souvent une source importante de déséquilibre dans des moments où il ne se passe pourtant rien de grave ; nos peurs, fondées ou non, prennent souvent des proportions démesurées, tout comme nos inquiétudes liées au futur et notre interprétation des événements. Une fois de plus, rappelons-nous qu'il y a, hélas, des choses sur lesquelles nous n'avons pas de pouvoir. La gestion du stress vise justement à élargir notre zone de pouvoir personnel, c'est-à-dire notre « thermostat », de façon à ce que nous soyons mieux outillés pour faire face aux préoccupations de la vie quotidienne. Car il y aura invariablement des situations «thermomètre» dans notre environnement.

En voici une qui illustre bien ce concept. C'était une journée magnifique d'automne et il faisait la température idéale pour cette fin d'octobre. Au départ de l'aéroport, tout semblait aller pour le mieux malgré la petite taille de l'avion. Au moment d'atteindre notre destination, le pilote nous informa qu'il ferait une tentative d'atterrissage. Il n'y avait aucune tour de contrôle, une tempête de neige sévissait, et, si le pilote ne voyait pas la piste, il ne pourrait pas atterrir. La dame à mes côtés me prit la main. Jusque-là, tout allait bien. Ce qui me préoccupait, ce n'était pas tant le fait que l'avion pouvait s'écraser que de savoir que je serais peut-être en retard à ma conférence. Et voilà que mes pensées s'emballèrent. Si nous ne pouvions pas atterrir, qu'est-ce qui allait arriver? Et si oui, mais pas au bon endroit, pourrais-je prendre un autobus? Est-ce que ci, est-ce que ça? Etc. La tentative d'atterrissage échoua, et nous reprîmes immédiatement de l'altitude. La dame à mes côtés me serra la main de plus en plus fort, et mes doigts commencèrent à bleuir. C'est à ce moment que je me suis dit que c'était une situation thermomètre et que je ne pouvais rien contre la température. Par contre, j'avais du pouvoir sur mon thermostat, sur toutes ces pensées qui me rendaient anxieuse et qui avaient réussi, en bien peu de temps, à me plonger dans un état pitoyable. Ces pensées-là, je pouvais les contrôler. Immédiatement, je me sentis rassurée, plus confiante et me dis que, si j'arrivais en retard, ce ne serait pas la fin du monde. Puis, le pilote tenta à nouveau d'atterrir, cette fois avec succès.

Petit aide-mémoire

- Se rappeler la méthode en trois temps pour éviter les dérapages liés aux situations «thermomètre» ou «thermostat».

- Nos pensées sont optionnelles : nous pouvons les traiter comme nous le voulons.

- Quand notre cinéma intérieur est une grande source de stress, réécrivons le scénario. Même *Le retour de Godzilla* peut devenir une comédie !

Ultimatum

L'ultime retour à soi

Il arrive malheureusement trop souvent qu'un ultimatum nous oblige à nous arrêter et à remettre de l'ordre dans notre vie. Un épuisement professionnel, un diagnostic médical inquiétant ou la perte d'un être cher, par exemple, aura pour effet de bouleverser, ce qui nous amènera souvent à amorcer une réflexion sur notre qualité de vie, nos choix et notre bonheur en général. Mais pourquoi donc faudrait-il un ultimatum pour retrouver une vie qui nous sourit ?

Pendant plusieurs années, j'ai eu le privilège d'accompagner des gens à la fin de leur vie. Ce fut une expérience riche et inoubliable, en raison de l'authenticité de ces relations et aussi parce que ce fut pour moi l'occasion de constantes remises en question dans ma propre existence.

Lorsque la vie s'achève et qu'on a le sentiment de ne pas avoir vécu comme on l'aurait souhaité, que tout est allé si vite qu'on n'a rien vu passer et qu'il est trop tard pour rattraper le temps perdu, une grande insatisfaction apparaît. On se sent impuissant, on a des regrets.

Au contraire, chez les gens qui ont eu une vie riche et équilibrée, qui ont pris le temps de développer de bonnes relations et qui ont connu de nombreux petits bonheurs quotidiens, un sentiment de paix et de gratitude prévaudra.

Le choix de ne pas attendre qu'un drame se produise pour mettre de l'ordre dans notre vie nous appartient; c'est notre droit de *veto* (voir la lettre V pour *Veto*). Inutile d'attendre un ultimatum pour commencer à gérer notre stress et à faire des gestes concrets pour améliorer la qualité de notre vie, personnelle ou professionnelle. Nous pouvons commencer dès MAIN-TE-NANT!

📑 L'exercice suivant, en trois étapes, consiste à se projeter dans le futur. Imaginons que nous avons 83, 93 ou 103 ans (l'âge qui nous vient à l'esprit).

- La première étape consiste à écrire, dans notre journal de bord, une lettre à nos descendants, qui commencera ainsi:

Je m'appelle (nom), j'ai (âge) et j'aimerais vous dire que…

Voici, en guise d'exemples, deux versions possibles d'une même histoire.

1. Je m'appelle Maurice, j'ai 88 ans et j'aimerais vous dire que j'ai travaillé fort toute ma vie. Je n'ai pas passé beaucoup de temps avec ma famille. J'étais absent des réunions importantes, et, lorsque j'étais là, mon esprit n'y était pas. Je croyais que le travail et mon rôle de pourvoyeur étaient plus importants que tout le reste. La

vie me quitte doucement, et je regrette ne pas avoir été près de mes enfants. Je suis seul et triste. Si j'avais à refaire ma vie, j'essaierais de mettre mes valeurs à la bonne place. Il me semble que je suis passé à côté de la vie.

2. Je m'appelle Maurice, j'ai 88 ans et j'aimerais vous dire que j'ai bien travaillé toute ma vie et que ma famille n'a manqué de rien. J'ai toujours accordé une grande importance à la vie familiale : les fêtes, pour moi, c'était sacré. J'ai vu mes enfants grandir et s'épanouir. D'ailleurs, ils sont ma fierté. Ma vie a été remplie, et je suis comblé. Si j'avais à refaire ma vie, je referais les mêmes choix.

Cette lettre peut contenir divers messages : des joies, des peines, des accomplissements, des regrets, des valeurs, des mots de sagesse, des « si je pouvais recommencer », enfin, tout ce qui nous vient à l'esprit spontanément. Il est souhaitable de l'écrire sur du papier ou une carte de façon à la conserver et à pouvoir la relire à l'occasion.

- La deuxième étape consiste, une fois la lettre terminée, à la relire et à noter les éléments qui sont pleinement satisfaisants et ceux qui demandent notre vigilance, de manière que l'on puisse modifier nos valeurs en conséquence et avoir davantage de joie de vivre pour que notre vie ressemble à ce que nous voulons le plus. Parfois, nous aimerions que notre vie soit comme une pièce de théâtre, c'est-à-dire que l'on puisse y apporter les changements nécessaires après une répétition générale, afin que tout soit impeccable le soir de la première. Malheureusement, notre vie n'est pas une pratique, et il nous est impossible de tout recommencer. Par contre, nous pouvons choisir de prendre un nouveau départ chaque jour de notre vie : c'est pourquoi cet exercice d'écriture est un outil précieux ; il nous aidera à mettre en lumière les éléments qui méritent notre attention. Ainsi, nous pourrons immédiatement apporter des changements à notre vie, qui diminueront sans contredit les regrets et les «j'aurais donc dû…», et qui nous permettront de laisser le passé là où il doit être, à sa vraie place : derrière nous.

• La troisième et dernière étape est d'établir un plan d'action simple et concret. Dans notre journal de bord, traçons deux colonnes. Dans celle de gauche, notons les éléments que nous devons surveiller ou qui, dans notre lettre à nos descendants, semblaient être des préoccupations. Il peut s'agir, par exemple, de ceux-ci : travail, vie de couple, relations avec les enfants, famille, amis, santé, alimentation, exercice, relaxation, équilibre, énergie, vie spirituelle, etc. Dans la colonne de droite, nous écrirons quels gestes nous pourrions faire pour avoir une meilleure qualité de vie et augmenter notre satisfaction en général.

Le seul ultimatum que nous devrions nous donner ici, c'est de décider de bien nous occuper de nous dès maintenant. De cette façon, nous n'aurons jamais le sentiment d'être passés à côté de l'essentiel. Nous pouvons, comme dans l'exercice précédent, nous imaginer à un âge avancé, à la fin de notre vie, et décrire nos joies et nos regrets. Nous pouvons également le faire sans nous transporter dans le futur, c'est-à-dire à notre âge actuel. En fait, peu importe notre âge, il est toujours temps de revoir notre vie, et nous ne devrions pas avoir besoin d'un ultimatum pour vérifier si nous vivons en fonction de nos valeurs et de nos croyances.

Comme si nous avions un ami dont la vie est menacée parce qu'il vient de découvrir qu'il a un cancer, nous pouvons nous poser les questions suivantes : « Si c'était ma vie qui se trouvait menacée, serait-elle en ordre ? Aurais-je besoin de modifier mes priorités, mon horaire, mon emploi du temps ? Si un malheur s'abattait sur moi, est-ce que j'aurais le sentiment d'avoir vécu pleinement ou est-ce que je voudrais tout modifier pour le temps qu'il me reste à vivre ?

Toujours dans notre journal de bord, écrire quels sont les éléments que nous devons surveiller et quels gestes concrets nous pourrions faire pour que notre vie soit plus harmonieuse, et ce, sans qu'aucun drame surgisse.

Petit aide-mémoire

- Pourquoi attendre un ultimatum pour gérer son stress ?
- Écrire une lettre à ses descendants.
- Établir un plan d'action.

Veto

Vade retro, satané stress!

Veto, comme dans droit de *veto* ! Nous le savons, il n'appartient qu'à nous de mettre en place des moyens de mieux gérer notre stress. Et pour y arriver, nous ne pouvons nous fier ni à nos patrons, ni à nos conjoints, ni à nos enfants, ni à nos parents, ni à nos amis. De plus, nous avons le privilège d'utiliser notre droit de *veto* en tout temps lorsqu'il s'agit de mettre en œuvre des stratégies pour améliorer notre qualité de vie. Pas toujours facile de dire non (voir la lettre N pour Non), de se mettre en tête de liste lorsqu'il s'agit d'inscrire à notre agenda nos multiples obligations ou encore de croire que nous sommes suffisamment importants pour utiliser notre droit de *veto*. De plus, comme nous traitons les autres exactement de la même manière que nous – nécessité fait loi ! –, il nous incombe de bien nous occuper de nous-mêmes. Nous sommes entièrement responsables de notre vie, de nos choix, même s'il nous est parfois plus facile de laisser à d'autres cette obligation.

Prendre la vie à bras-le-corps et choisir d'être heureux et de mieux gérer notre stress, voilà notre toute première responsabilité! Comme nous l'avons constaté à la lettre U (pour Ultimatum), il est fréquent qu'un drame nous force à prendre du recul et à réévaluer nos habitudes et nos croyances. Le droit de *veto* nous permet de nous poser les «bonnes questions» avant que le malheur surgisse. Et à l'inverse des examens de la petite école, les questions importeront bien plus que les réponses.

En voici quelques-unes, à titre d'exemples.

- Qu'est-ce qui m'oblige à courir tout le temps?

- Où est-il écrit que je doive toujours dire oui à tous?

- Qui se fâchera contre moi si je choisis de me respecter?

- Est-ce que ceci ou cela sera encore important sur mon lit de mort?

- Est-ce la fin du monde quand je prends une heure pour moi?

- Comment puis-je respecter les autres si je ne me respecte pas moi-même?

- En fin de compte, qui décide de ma vie?

Il est difficile d'exercer son droit de *veto* lorsqu'on n'en a pas l'habitude. Dans un processus d'affirmation de soi, la première étape consiste à prendre conscience que si la frénésie devient notre mode de vie, mais qu'elle n'est pas ce que nous voulons réellement, nous devons nous arrêter, réfléchir et agir.

La seconde étape de ce processus demande de dégager une petite marge de manœuvre pour apporter plus de plaisir dans sa vie. Simplement, soigneusement, quotidiennement. Le plaisir agira comme un déclencheur et, à long terme, il s'inscrira dans une démarche durable de gestion du stress.

Une fois que nous aurons repris notre pouvoir personnel, il nous sera beaucoup plus facile d'utiliser notre droit de *veto*. Il faudra se poser plusieurs fois par jour, à propos de tout et de rien, la question suivante : «Est-ce que je préfère ceci ou cela ?» Au lieu de faire les choses machinalement, que ce soit à l'épicerie, au restaurant ou à la maison, avant de dire oui à une demande sans même y penser, nous devrons nous poser cette question. Elle nous ramènera automatiquement à notre droit de *veto*. Et si nous acceptons une chose qui ne correspond pas à que l'on préférerait, nous exercerons un choix conscient. Déjà, nous sentirons que nous avons plus de contrôle et de pouvoir sur notre vie.

Parmi les gens en réorientation de carrière que je conseillais, certaines décidaient de ne pas profiter de l'occasion de changement qui s'offrait à elles. Après avoir analysé la question à fond, elles décidaient qu'il valait mieux maintenir le *statu quo*. Désormais plus conscientes des aspects positifs de leur travail, elles vivaient mieux leur choix professionnel et ses conséquences.

Petit aide-mémoire

- L'important est de se poser les «bonnes questions». Qu'est-ce que je préfère ? Ceci ou cela ?
- Notre première responsabilité est de nous occuper de nous-mêmes.

Week-end

Que sont nos week-ends devenus?

Ah! le week-end, période de repos, de détente, de plaisir, d'arrêt! Enfin, nous pourrons nous amuser et laisser derrière nous les soucis et les préoccupations du travail. Si seulement c'était vrai! Il arrive fréquemment que le week-end fasse office de déversoir. Nous reportons à ces deux précieuses journées l'ensemble des tâches que nous n'avons pas eu le temps d'accomplir, et, finalement, le week-end ressemble à tous les autres jours de la semaine: une course contre la montre. Nous avions l'intention d'en profiter, de prendre notre temps, de nous occuper de nous, et, soudain, une avalanche d'imprévus vient perturber notre horaire et trahir nos bonnes intentions. Nous sommes trop fatigués pour nous reposer, trop essoufflés pour nous relaxer, trop stressés pour nous amuser.

Certaines personnes emportent des dossiers du bureau; ayant l'idée de travailler durant le week-end, elles les laissent bien visibles dans le vestibule ou sur le comptoir de la cuisine et se culpabilisent à chaque coup d'œil jeté sur le travail qui les attend fidèlement. Voilà qui n'est pas très sain, surtout si nous avons décidé de gérer notre stress. Si nous devons absolument apporter du travail à la maison, mettons-le au moins à l'abri de notre regard, ce qui nous évitera un sentiment de culpabilité tout au long du week-end. Et si cela s'avère vraiment nécessaire – il y a parfois des impératifs –, mieux vaut planifier un moment précis pour terminer ce devoir : par exemple, dimanche matin, entre 9 h 30 et 10 h 30. Nous passerons ensuite à autre chose. Alléluia !

Lorsque le travail s'infiltre dans nos week-ends, que nous ne pouvons pas cesser d'y penser et que nos préoccupations professionnelles envahissent nos moments de détente, nous devons prendre un temps d'arrêt et nous demander pourquoi il prend ainsi une place démesurée. Il y a des périodes de pointe, de débordement, c'est normal, et ce que nous souhaitons, c'est avoir suffisamment d'énergie pour les affronter. Mais lorsque cela perdure, semaine après semaine, mois après mois, nous devons porter une attention particulière à la situation et nous poser les « bonnes questions » (voir la lettre V pour *Veto*).

L'équilibre est une clé importante de la gestion du stress. Si nous travaillons fort, nous devons nous amuser tout aussi fort. Les week-ends, par définition, devraient nous le permettre ; ce devrait être un temps sacré pour refaire le plein d'énergie et nous ressourcer. Bien entendu, si nous prenons un peu de temps tous les jours pour augmenter nos endorphines (l'hormone du plaisir), le week-end venu, nous serons dans de meilleures dispositions pour faire des activités qui, justement, serviront à remettre un peu d'équilibre dans nos vies.

Ma fille en était à sa première année d'enseignement, en 1re, 2e, 3e et 4e secondaire, et donnait des cours de français, d'histoire et de géographie. Lourde tâche pour une débutante ! Cette nouvelle profession lui demandait beaucoup de préparation, de lectures, d'exercices à développer et d'adaptation sur le plan personnel. Quelques mois après le début des classes, elle a remis en question sa carrière. Fraîchement sortie de l'université, elle n'était plus certaine que l'enseignement était sa passion. En examinant son horaire, nous avons rapidement constaté qu'elle n'avait aucun soir de libre et que ses week-ends étaient entièrement consacrés à la préparation de ses cours. Il en résultait un manque de temps à passer avec son conjoint (sans compter qu'elle avait toujours les élèves en tête), un manque de temps pour s'entraîner au gymnase (une discipline de vie pourtant bien intégrée) et, enfin, un manque d'énergie marqué ainsi qu'un essoufflement constant.

Nous avons travaillé avec la méthode des compartiments, en partant du point de vue que les week-ends devaient être sacrés : pas de devoirs à corriger, aucune préparation à faire pour la semaine. Le week-end, on doit pouvoir se détendre, voir ses amis, jardiner, s'amuser, etc. Les trois premiers soirs de la semaine, ma fille devait circonscrire dans le temps ses activités de travail. Les lundis, mardis et mercredis, dans la soirée, elle devait ainsi travailler selon un horaire précis ; le reste du temps, elle pratiquait les activités de son choix. Évidemment, le retour au gymnase se retrouva en tête de liste ! Malgré la difficulté de réunir ses activités de travail à l'intérieur d'un horaire serré, elle a rapidement observé que cette organisation du temps donnait des résultats positifs, soit davantage de temps pour elle, pour son conjoint et pour ses amis, et par conséquent plus de disponibilité pour ses élèves. Le lundi matin, elle ne ressentait donc plus de frustration causée par ses élèves, ces derniers ne lui ayant pas volé son week-end.

L'exercice suivant, à faire dans notre journal de bord, nous permettra de repenser la planification de nos week-ends.

• D'abord, dans un premier tableau, dresser la liste de nos activités du week-end.

• Puis, dans un deuxième tableau, écrire lesquelles nous aimerions pratiquer durant ces deux jours.

• Revenir au premier tableau et inscrire, pour chaque activité, les heures correspondantes. Il s'agit ici de tracer un portrait réel de ces deux journées.

• Dans le deuxième tableau, inscrire, pour le samedi et le dimanche, les activités et les heures auxquelles on s'y adonnerait, cette fois en imaginant le week-end idéal.

Nous découvrirons ainsi quelles choses nous pouvons retrancher ou ajouter à notre horaire afin que nos week-ends ressemblent davantage à ce que l'on souhaite. Pour cela, il ne faut pas hésiter à être créatif et à revoir ses façons de faire. Par exemple, à comparer une journée d'obligations et une journée de plaisir. On peut aussi procéder par demi-journées ou décider de mettre tous les membres de la famille dans le coup. Une fois les nouvelles priorités établies, commencer doucement à apporter les modifications nécessaires.

Xième
Acharnement non thérapeutique

Lorsque c'est la xième fois que nous essayons de résoudre un problème et que cela ne fonctionne pas, nous devons changer de stratégie. Inutile de nous acharner. Pourtant, il nous arrive souvent de recommencer encore et encore, pour finalement constater que nous n'obtenons pas les résultats escomptés. À bien y penser, il n'est ni très logique ni très sain de refaire toujours la même chose en espérant des résultats différents. Un vieil adage dit que ce n'est pas en perfectionnant la chandelle que l'on a découvert l'électricité!

Quand nous cherchons une solution à un problème, nous devons très souvent la chercher à l'extérieur du problème. Si, par exemple, nous sommes totalement désabusés ou dépassés par les événements, nous devrions porter une attention particulière à notre qualité de vie au quotidien; si nous sommes dans une période de stagnation, nous devrions nous mettre en action; si nous avons des problèmes d'ordre matériel, rien n'égalerait un ressourcement spirituel. Dans une démarche de meilleure gestion du stress et d'amélioration de notre bien-être, le même principe prévaut. Supposons que nous nous soyons déjà inscrits X fois à un centre de conditionnement physique sans jamais honorer notre abonnement : c'est probablement que ce type d'activité n'est pas la meilleure solution pour nous. Il nous faut donc changer de stratégie et trouver une autre activité qui nous permettra de bien gérer notre stress au quotidien. Ou encore, si prendre un bain relaxant nous énerve et ne nous aide pas à diminuer notre stress, il nous faudra chercher un autre moyen de le faire. Peu importe notre choix, il devra correspondre à ce qui nous fait le plus de bien, rapidement et quotidiennement, et nous devrons acquérir la discipline de pratiquer l'activité choisie beau temps, mauvais temps !

Un autre vieil adage dit que nous ne pouvons résoudre un problème avec le même esprit qui l'a créé. Si notre stress est dû à un manque d'équilibre, il faut observer à la loupe les conditions qui ont conduit à ce déséquilibre et y apporter les correctifs nécessaires. S'il est plutôt dû à un manque d'énergie, c'est-à-dire qu'à la fin de la journée nous n'avons plus ni temps ni énergie pour la moindre activité qui nous ferait du bien, nous devrons plutôt revoir la gestion de notre stress au quotidien. Il nous faudra faire plusieurs fois par jour des gestes simples pour réduire notre taux d'adrénaline (l'hormone du stress) et nos « draineurs » d'énergie (voir la lettre D pour « Draineurs » d'énergie) et pour augmenter nos endorphines. De la sorte, nous pourrons récupérer suffisamment d'énergie pour profiter le mieux possible de la vie. En fait, il s'agit ici de reconnaître l'état d'esprit ou les émotions qui font augmenter notre stress et de prendre des moyens concrets pour les modifier.

Voici une liste non exhaustive d'activités qui peuvent être une source d'inspiration pour se concocter un mini-programme de gestion du stress.

Les sports

La marche. Nous pouvons choisir de marcher à l'intérieur, dans un gymnase, par exemple, ou sur un tapis roulant. Nous pouvons faire une promenade à l'extérieur, dans notre quartier, dans un parc ou en pleine nature, seuls, avec un compagnon – humain ou canin ! – ou dans un club de marche. Nous choisirons aussi l'heure idéale pour cette activité, le matin, le midi ou le soir, selon notre préférence. Nous pouvons suivre toujours le même trajet ou le modifier. Enfin, nous pouvons observer le silence ou utiliser un baladeur. Il s'agit ici de trouver la méthode qui nous convient le mieux et de se mettre à l'action.

La natation. Nous pouvons nous inscrire dans un club de maîtres-nageurs ou choisir de nager seuls, aux heures de bain libre. Nous pouvons nous inscrire à un cours d'aqua-forme ou établir nos heures de natation en fonction de notre horaire de travail.

Club de conditionnement physique, ski de fond, ski alpin, cyclisme, badminton, racket-ball, tennis, arts martiaux, etc. Voilà des activités que nous pouvons pratiquer seuls, avec un partenaire ou en groupe. Quel que soit notre choix, notre engagement est important lorsqu'il s'agit d'acquérir l'habitude de pratiquer une activité physique pour diminuer notre stress.

Les arts

La musique. Tout ce qui a rapport à la musique – jouer d'un instrument, suivre des cours, écouter religieusement de la musique, faire partie d'une chorale, assister à un concert ou à un spectacle, etc. – nous permettra, si ce genre d'activité nous plaît, de diminuer notre stress.

La danse. Danser seul ou avec d'autres, à la maison ou ailleurs. Suivre un cours de tango, de danse country ou orientale, de valse ou encore de ballet. Danser pour le plaisir ! Voilà un moyen simple de bouger et de se mettre en forme tout en diminuant son stress.

Enfin, toutes les formes d'art, la peinture, le dessin, l'aquarelle, la sculpture, l'artisanat, le bricolage, la menuiserie, l'écriture, la lecture, le jardinage ou les collections d'objets sont des activités qui, pratiquées seuls ou avec d'autres, selon ce qui nous motive le plus, nous feront du bien et diminueront notre stress. Et si nous avons essayé X fois une activité sans obtenir de résultats, changeons au plus vite !

Yoga
Mille positions, une attitude

En plus des sports et des arts, ces moyens anti-stress réputés, il existe une grande quantité de méthodes de relaxation, que ce soit le yoga, la respiration consciente, la relaxation musculaire, la méditation, les étirements ou le taï chi, pour harmoniser le corps et l'esprit et pour nous permettre de reprendre notre souffle et de mieux gérer notre stress. Il y a plusieurs façons de découvrir ces activités, dont les techniques peuvent être minutieusement expliquées et pour lesquelles on offre un soutien dans leur pratique régulière. La relaxation, c'est simple et cela fait du bien, à condition, bien sûr, de savoir comment s'y prendre et d'intégrer de façon régulière cette activité à notre horaire. Cela ne doit pas devenir un élément supplémentaire à notre liste déjà trop longue de choses à faire, mais plutôt une façon de vivre. De plus, nous ne devons pas nous sentir coupables si par malheur nous ne trouvons pas quelques instants pour nous relaxer; nous devons simplement essayer de nouveau jusqu'à ce que l'habitude soit bien ancrée.

Voici quelques bonnes raisons de pratiquer la relaxation : cela a pour effet de réduire le stress ; de nous aider à nous débarrasser de nos mauvaises habitudes, de développer l'intuition, d'embellir notre vie de tous les jours ; de nous amener à ressentir davantage nos émotions ; d'accéder à un niveau de conscience plus élevé, d'améliorer notre sommeil et notre concentration, d'augmenter notre énergie et notre créativité, de diminuer notre fatigue. Enfin, cela favorise notre équilibre et notre sentiment de paix intérieure.

Le yoga. Pour le définir, on parle d'une sorte d'union entre le corps et l'esprit. Le yoga peut être passif (*hatha-yoga*) ou actif (*power yoga*). Quelle que soit sa forme, il accroît la souplesse et permet de mieux se concentrer sur sa respiration. Le yoga comprend différentes postures, appelées *asanas*. Pour s'initier à cette pratique, il y a d'excellents cours, des cassettes vidéo ou des livres. Il existe par ailleurs plusieurs écoles de pensée ; il s'agit de les explorer pour choisir celle qui nous convient le mieux. Une fois que nous maîtriserons les postures, il ne nous restera plus qu'à les pratiquer pour en recueillir tous les bienfaits !

La respiration. Nous avons décrit, au début de ce livre, une technique de respiration consciente (voir la lettre C pour *Carpe diem*). Il est facile, en tout temps et en tout lieu, de bien respirer. Lorsque nous sommes stressés, notre corps est généralement tendu, notre mâchoire est serrée et notre diaphragme n'a plus d'amplitude : notre respiration devient courte et saccadée. Une simple respiration profonde, que nous prendrons autant de fois que nécessaire, permettra de dénouer notre corps et de mieux l'oxygéner, ce qui favorisera la relaxation. Et en cas de stress subit, n'oublions pas de respirer par le nez!

La relaxation musculaire. Il existe plusieurs méthodes éprouvées, que ce soit le training autogène («votre corps est lourd, très lourd»; voir la lettre S pour Sommeil), ou la méthode du docteur Jacobson, une relaxation progressive où l'on tend les différentes parties du corps pour ensuite les relâcher. Il y a plusieurs livres et cassettes sur le sujet. Il est important de choisir une méthode avec laquelle nous nous sentons à l'aise; pour le savoir, écouter un disque ou une cassette et vérifier si la voix nous relaxe ou, au contraire, est pour nous une source d'ennui ou d'inconfort. Comme nous avons tous nos critères personnels, seul un essai sera concluant.

La méditation. Encore une fois, plusieurs techniques s'offrent à nous, et nous devons donc en expérimenter plus d'une pour déterminer celle qui nous convient le mieux. Voici l'une d'entre elles. Choisir un endroit calme. Assis confortablement dans une chaise ou un fauteuil, les yeux fermés, se concentrer sur sa respiration en comptant; inspirer par le nez en comptant jusqu'à 10 et expirer par la bouche en comptant jusqu'à 7. Si des pensées surgissent, se concentrer de nouveau sur sa respiration, tout simplement.

On peut aussi compter à l'envers, de 20 à 0, et, si une pensée vient nous visiter, recommencer: 20-19-18... Ou encore, utiliser un mantra, un mot ou un son que nous répéterons continuellement, par exemple le mot «calme» ou le son «Ommmm». Une autre méthode consiste à visualiser un objet qui inspire le calme et à y porter toute notre attention, et une autre encore, à garder les yeux à moitié ouverts et à fixer un objet, comme une bougie.

Créer sa propre routine

Comme chaque personne est différente, il s'agit ici de créer sa propre routine. Tels exercices seront trop doux pour certains et trop exigeants pour d'autres. Découvrir ce qui nous convient le mieux demande de la discipline, c'est pourquoi il vaut mieux, à cet égard, appliquer quelques règles. Tout au long du processus d'intégration peuvent surgir des doutes, des résistances, des croyances ou des valeurs nous empêchant d'atteindre notre objectif, soit la relaxation. Nous devrons être attentifs à ces pensées et chercher à en comprendre le sens. Si des croyances nous ont été utiles dans le passé, elles peuvent à présent s'avérer inadéquates et il sera parfois nécessaire d'en explorer de nouvelles.

Même en cas d'inconfort, nous devrons poursuivre l'activité choisie, tout en respectant nos limites. Il est important d'accueillir nos sensations sans les juger et en gardant l'esprit ouvert. Ainsi, prendre soin de soi ne doit pas représenter une performance : il n'y a rien à réussir ni à prouver.

L'intention demeure ici un élément clé, car en mettant une intention derrière le geste, nous pouvons augmenter notre niveau de conscience. Par exemple, nous pouvons faire un exercice de relaxation en y ajoutant l'intention de nous occuper de notre santé, de nous défouler, ou tout simplement de nous faire du bien !

Pour atteindre notre objectif plus facilement, celui-ci doit être divisé en plusieurs étapes et formulé de manière réaliste et concrète, et ses effets doivent être observables, mesurables et bien décrits (voir à ce sujet la lettre P pour Petits pas).

Ce pourrait être, par exemple, la pratique quotidienne d'une technique de méditation active visant à développer progressivement la capacité de ressentir davantage les sensations corporelles ou spirituelles.

Pour instaurer le changement, on doit s'engager dans la pratique assidue et régulière des moyens choisis. Une pratique quotidienne est recommandée, et dans certains cas, il peut être nécessaire de répéter l'exercice deux fois par jour.

Ces différentes méthodes permettront soit de faire le vide à la fin d'une journée harassante, soit de se mettre en forme pour affronter une nouvelle journée. Peu importe à quel moment on les observe, ces périodes de silence nous feront le plus grand bien. N'oublions pas que c'est le silence entre les notes qui crée la musique!

Zzz...
Zéro stress

C'est ce que nous vivons quand nous dormons enfin sur nos deux oreilles, après avoir maîtrisé les divers outils de gestion du stress! Lorsque nous aurons enfin saisi que l'**A**mour de soi est bien plus qu'un concept, qu'il s'agit en fait d'une façon de vivre et qu'il faut s'occuper de soi tous les jours, sans culpabilité. Beau temps, mauvais temps, faire une **B**alade en appréciant pleinement le jour: **C**arpe diem. Il nous faut également rester attentifs aux «**D**raineurs» d'énergie et prendre le temps de fermer la boucle des **E**x... Les deuils et autres problèmes non résolus, nous le savons, peuvent nous gruger beaucoup d'énergie! Et quand nous choisissons de bien gérer notre stress, nous devons conserver toute notre énergie pour profiter de la vie en nous abandonnant doucement à la **F**lânerie. Déjà, nous pouvons sentir les bienfaits de ces nouvelles habitudes, et la **G**ratitude nous envahit; elle nous fait sourire intérieurement et nous procure une douce euphorie. Il devient alors plus facile d'adopter la philosophie du **Hakuna** *matata* et de laisser aller les choses sur lesquelles nous n'avons pas de contrôle. Demain sera un jour nouveau, une toile blanche, qui nous permettra de tout réinventer, d'essayer de nouvelles activités, de faire des erreurs, d'accepter l'**I**mperfection, de ne pas nous sentir coupables si tout n'est pas parfait et, surtout, d'être joyeux pour mille et une petites raisons. La **J**oie procure une sensation de bien-être et permet de relativiser les événements, surtout dans les périodes de grand stress. Porter son attention sur les petites joies plutôt que sur les grandes peines est une habitude à développer. Aussi bien commencer dès aujourd'hui, car dans un an nous aurons un an de plus, nous ne le savons que trop! Le **K**if-kif est une excellente attitude si nous n'avons rien à modifier dans notre vie, mais, dans le cas contraire, mettons notre plan à exécution dès maintenant. Pour ce faire, nous devons tout d'abord prendre un temps de réflexion, ralentir nos pensées, nous offrir de précieux moments de silence. Lorsque nous aurons incorporé à notre vie un peu plus de **L**enteur et que nous en constaterons les bienfaits, il nous sera beaucoup plus facile de savoir quoi enlever ou ajouter à notre horaire pour créer plus d'équilibre. Notre **M**otivation sera élevée, car nous obtiendrons des résultats tangibles, et ceux-ci nous procureront encore davantage de motivation. Bien sûr, en cours de route, nous devrons développer la capacité de dire **N**on, d'établir nos limites, de devenir un peu plus «égoïstes» et de faire le choix conscient de nous placer en tête de liste de nos priorités malgré les **O**bjections qui ne manqueront pas de surgir. Il y aura toujours des excuses valables qui tenteront de nous éloigner de nos nouveaux objectifs, soit nous occuper de nous et croire que nous méritons toute cette attention; cependant, il nous appartient de revenir dans le droit chemin. C'est en faisant de **P**etits pas tous les jours que nous réussirons à avoir plus de temps et d'énergie pour mieux profiter de la vie et pour que notre **Q**uête d'équilibre soit enfin couronnée de succès. Il est aussi très important de savoir que le **R**ire est un moyen simple et efficace d'augmenter nos endorphines et notre bien-être ainsi que notre capacité de faire face aux multiples exigences de la vie. N'oublions pas non plus le rôle crucial du **S**ommeil, puisque la beauté de nos jours dépend en bonne partie de la qualité de nos nuits. Qui dort bien amasse beaucoup d'énergie et se déleste d'autant de soucis. Reposés, nous aborderons les situations épineuses en nous demandant si elles sont **T**hermomètres, et dans ce cas nous ne chercherons pas à en avoir le contrôle, ou si elles sont thermostats, et alors nous pourrons exercer sur elles un certain contrôle. Lorsque nous saisissons la différence entre les deux, nous dépensons moins d'énergie à vouloir toujours tout orchestrer. Nous ne voulons sûrement pas attendre un **U**ltimatum, une catastrophe, pour utiliser notre droit de *V*eto. Nous devons nous rappeler que la gestion du stress est notre responsabilité et qu'en tout temps il nous appartient de faire nos choix. Par exemple, se rappeler que les **W**eek-ends sont faits pour s'amuser, se détendre, passer du temps agréable avec sa famille et ses amis, et non pour emporter du bureau nos préoccupations de travail, notre fidèle serviette ou notre interminable liste des tâches en souffrance. Il faut également rappeler que quand c'est la **X**ième fois que nous essayons de faire une même activité et que cela ne fonctionne toujours pas, nous devrions envisager une nouvelle stratégie. Cacher nos dossiers dans un placard, hors de notre vue, nous permettra peut-être de passer un week-end sans culpabilité et de trouver quelques minutes pour une session de **Y**oga ou de relaxation, ou tout simplement pour faire une balade en plein air. Enfin, nous sentirons le calme intérieur et nous pourrons **Z**zzzzzzzzz dormir sur nos deux oreilles !

Conclusion

Des lettres et des symboles

Au fil des ans, il sera sans doute intéressant de reprendre telle ou telle lettre de l'abécédaire pour approfondir un concept, ou de relire un passage de notre journal de bord pour y retrouver un exercice ou une émotion que nous avons décrit. Et c'est là que les symboles prennent tout leur intérêt.

La représentation symbolique crée souvent des raccourcis pour la mémoire. En effet, un seul objet choisi avec soin peut instantanément libérer l'essentiel d'une idée. Plusieurs petits objets évocateurs peuvent être regroupés dans un sachet, comme une petite trousse d'endorphines à utiliser lorsqu'on en ressent le besoin.

Ce pourrait être un parasol miniature, qui nous fera penser à nous détendre pendant quelques minutes pour savourer le moment présent… et diminuera notre stress intellectuel. Ce pourrait être aussi une petite plume pour se rappeler qu'en tout temps et malgré la turbulence extérieure, un peu de douceur nous fera le plus grand bien et réduira notre stress physique. Ou encore, un grain de maïs à éclater, pour nous rappeler justement que nous devons nous éclater de temps en temps, que cela fera du bien à notre corps et à notre esprit, puisque rire et s'amuser modifie la chimie corporelle.

Les trouvailles d'objets symboliques, souvent originaux et toujours efficaces, peuvent m'être communiquées par le biais de mon site Internet et ainsi être partagées par la suite avec d'autres lecteurs. Pour un effet papillon…

Pour me joindre

Les services de formation Raymonde Gosselin inc.
97, rue Hamilton
Châteauguay (Québec)
J6J 1J3
Téléphone : (450) 692-0022
Télécopieur : (450) 699-7206
Courriel : raymonde.gosselin@sympatico.ca
Site Internet : www.raymondegosselin.com